죽음아, 너의 독침이 어디에 있느냐?

죽음과 부활에 관하여

알렉산더 슈메만 지음 · 황윤하 옮김

O Death, Where Is Thy Sting?

죽음아, 너의 독침이 어디에 있느냐?

죽음과 부활에 관하여

알렉산더 슈메만 지음 · 황윤하 옮김

비아

차례

일러두기

· 역자 주석의 경우 *표시를 해 두었습니다.

· 성서 표기와 인용은 원칙적으로 『공동번역개정판』(1999)을 따르되 원문과 지나치게 차이가 날 경우에는 대한성서공회판 『새번역』(2001)을 따랐으며 한국어 성서가 모두 원문과 차이가 날 경우에는 옮긴이가 직접 옮겼음을 밝힙니다.

· 단행본 서적의 경우 『 』표기를, 논문이나 글의 경우 「 」, 음악 작품이나 미술 작품의 경우 《 》표기를 사용했습니다.

들어가며

보라. 눈밭에서, 태양에서, 가장 높은 들판에서,

잔디의 물결과 흐르는 구름이, 바람이 속삭이는 하늘이

그들의 이름을 어떻게 찬미하는지 들어보라.

그들의 이름, 삶을 위해 싸운 그들의 이름,

가장 뜨거운 불꽃을 가슴에 품었던 이들의 이름.

태양에서 태어나 태양을 향해 가는 짧은 여행

명예를 새겨 넣은 색색의 공기를 남겼나니.

- 스티븐 스펜더Stephen Spender,

'진정 위대했던 이들을 기억하며' (1936)

교부들은 자신들의 신학을 집대성하여 이런 경구를 남겼습니다.

신학자는 진리 안에서 기도하는 사람이며, 진리 안에서 기도하는 사람은 신학자다.

신학에 대한 이보다 더 간략하면서도 적확한 설명은 없을 것입니다. 이 말은 그 자체로 더 쪼갤 수 없는, 바꿀 수 없는 진리입니다. 신학은 기도의 신비에 에워싸여 있습니다. 신학이 그런 것이라면, 위대한 신학자는 자신이 보고 들은 바를 우리에게 전해주기 위해 기꺼이 기도 중에 일어나는 참된 만남의 기쁨에 머무르지 않는 위험을 감내하고 삶을 살아내는 사람일 것입니다. 알렉산더 슈메만 신부는 앞서 스펜더의 시에서 말한 "삶을 위해 싸운" 사람입니다. 그는 언제나 삶과 신학을 연결했습니다. 삶이 생명이신 그분께 뿌리내리고 있기 때문입니다.

그러니 죽음을 다루는 이 책에 삶, 그리고 생명에 대한 이야기가 훨씬 많은 것도 놀랄 일은 아닙니다.[1] 슈메만은 죽음

---

1 이 책은 본래 구소련인들이 듣도록 '자유유럽방송'Radio Liberty으로 송신되었던 일련의 강연을 엮은 것입니다.

을 일종의 환상으로 낭만화하는 감상적인 철학 놀음을 하지 않습니다. 죽음을 손에 잡히지 않는 화려한 사후세계로 가기 위한, 슬프지만 필요한 단계로 보지도 않습니다. 그는 "최후의 적은 죽음"이라는 사도들의 선언을 분명히 보여주며, 예수가 라자로(나사로)의 무덤 앞에서 '다 잘 될 것'이라고 말하지 않았음을, 오히려 복음서 저자는 "예수께서 우셨다"고 기록했음을 떠올려 줍니다. 하느님의 뺨을 타고 흐르는 이 눈물에는 이 세상이 걸어온 길을 향한, 특히 인간이 자신과 자신의 운명을 힘없이 받아들여 버린 것을 향한 그분의 깊은 애도가 담겨 있습니다. 슈메만은 이 눈물을 감히 "우주의 무덤"이라고 부르기까지 합니다.

이 이야기 모음집은 죽음이라는 주제에 관한 명확한 결론으로, 편안하게 잘 짜인 길로 우리를 이끌지 않습니다. 철학의 유산은 죽음을 체계적으로 증명해 보려 하지만, 슈메만은 그러한 시도가 죽음을 두고 이루어지는 모호한 논의들에 별다른 진전을 보이지 못하며 오히려 죽음에 대한 양극단의 관점만을 부추긴다고 설명합니다. 불확실한 사후세계를 선호하면서 이 세상을 거부하거나, 불확실하기로는 사후세계와 마찬가지인 이 땅의 유토피아를 그리는 광적인 유물론으로 죽음 자체를 거부하게 만든다는 것이지요. 슈메만 신부는 이러한 철학적 접근 대신 우리를 교회의 전례, 특히 부활의 신비로 인도합니다. 이는 그리스도교 신앙을 지닌 이들에게 친숙한 접근 방식임과 동시에 슈메만 신학의 특징이기도 합니다. 죽음에서 생명으로의 변화, 그리고 그 의미는 모든 생명의 근원이신 그분 안에서, 그분과의 참 만남을 통해 드러납니다.

부활의 신비, 삶과 죽음에 관한 가르침은 그리스도교 신학과 경험의 핵심이기에 슈메만 신부의 모든 가르침은 직간접적으로 죽음을 암시합니다. 위대한 저작『세상의 생명을 위하여』For the Life of the World에서 이미 그는 유물론자들과 포이어바흐Ludwig Feuerbach를 언급하며 이 책에서 다룬 이야기를 한 바 있습니다. 그래서『세상의 생명을 위하여』6장 '죽음으로 죽음을 짓밟기'Trampling Down Death by Death를 이 책에 수록해 두었습니다. 이 논의를 좀 더 음미하고자 하는 독자분들은 해당 원전을 찾아 읽어 보시기를 권합니다. 그는 이렇게 썼습니다.

교회의 모든 삶은 죽음이라는 성사로 가는 길입니다. 교회의 모든 것은 주님의 죽음을 선포하고 그분의 부활을 고백

하기 때문입니다.[2]

그는 방송에서 이렇게 언급했습니다.

죽음은 하느님을 부정하는 것입니다. 세간의 철학과 종교의 가르침대로 죽음이 자연스러운 일이라면, 생명 현상의 궁극적인 결론, 변치 않는 진실이 죽음이라면, 모든 피조물이 굴복하고 마는 최상위 법이 죽음이라면 하느님은 존재할 수 없습니다. 그리고 그분과 관련된 모든 창조 이야기, 모든 기쁨, 생명의 빛은 완전한 거짓말일 것입니다. 그리스도교 신앙의 가장 중요하고 심오한 질문은 죽음이 어디에서 왔고, 어떻게 생겨났으며, 왜 생명보다 죽음이 강력해졌는지를 묻는 것이어야 합니다. 죽음은 왜 그처럼 강해진 것일까요. 어째서 이 세계를 죽을 운명에 처한 이들이 모여 사는 곳, 죽음의 공포에 두려워 떠는 곳, 죽어 묻혀 버릴 곳, 주변을 맴돌며 현실을 잊으려 애쓰는 우주의 무덤 같은 곳으로 만들 만큼 죽음의 영향력이 강력해진 것일까요?

2   Alexander Schmemann, *For the Life of the World* (Crestwood, NY: SVS Press, 1973) 104. 『세상에 생명을 주는 예배』(복 있는 사람)

이 책은 이러한 물음에서 시작합니다. 슈메만은 이 질문과 함께 오랜 시간 죽음이라는 문제와 씨름한 그리스도교의 견해를 우리에게 소개해 줍니다.

책의 처음 네 장은 방송 순서를 그대로 따랐습니다. 이어지는 장들에서는 각기 다른 시기 슈메만 신부가 부활에 관해한 이야기들을 엮어 담았습니다. 이 이야기들도 모두 죽음이라는 주제를 부활의 전례 경험과 그리스도교의 가르침이라는 빛으로 바라보기 때문입니다.

알렉시스 비노그라도프 Alexis Vinogradov

죽음이란 무엇인가

이 강연의 주제는 죽음입니다. 돌려 말하지 않고, 바로 이 주제로 성큼 들어가 봅시다. 인간의 의식에 있는 질문, 종교와 하느님, 신앙에 관한 질문은 결국 죽음의 문제와 바로 이어져 있다는 점을 먼저 짚고 넘어가야겠습니다. 구체적으로 이러한 질문은 죽음 이후에 무엇이 있을 것인가에 관한 궁금증과 관련이 있습니다. 이 세상의 의미와 죽음 이후의 삶에 관한 질문은 우리의 의식에서 끊임없이 일어나며 우리를 괴롭힙니다. 모든 사람이 이 질문을 품고 있습니다. 과학적이지도 않고 긍정적이거나 자명하지 않으며 증거도 없고 찬반 양론으로 대할 수도 없는 이 질문은 수천 년간 격렬하고 떠들썩한 논쟁을 일으켰으며 그렇게 논쟁이 반복되는 와중에도 해결되지 않은 채 남아 있습니다.

실제로 이 세계 너머의 세계를 강하게 부정하는 이들은 그런 세계는 없다는 과학적인 증거가 있다고 주장합니다. 사후세계가 존재하는 것이 불가능하며, 영혼이 불멸하는 것 역시 과학적으로 불가능하다는 것입니다. 물론 블라디미르 나보코프Vladimir Nabokov가 어느 소설에서 말했듯 이러한 주장은 이후 틀렸다고 밝혀질 수도 있습니다(나보코프 본인은 신자가 아니었다는 것을 기억하십시오).

나보코프의 작품에는 긴 시간 질병으로 고통을 겪다가 죽음을 맞이하는 인물이 등장합니다. 오랜 무기력에 빠져있다가 죽기 직전 반짝 정신이 돌아왔을 때, 죽음에 관한 질문이 다시 일어나 온 힘을 다해 그를 괴롭힙니다. "죽음 이후의 삶이란 존재하는 것일까?" 그는 문이 닫힌 방에 누워 창문 너머로 물이 쏟아지는 소리를 듣습니다. 죽어가던 그는 "당연히 삶 이후에는 아무것도 없다. 이건 마치 내가 지금 창밖에 비가 오고 있다는 것을 아는 것처럼 자명해"라고 스스로 되뇝니다. 그러나 실제로 밖에는 봄볕이 내리쬐고 있었고, 그가 들은 물소리는 위층에 사는 사람이 화분에 준 물이 그의 창문으로 흘러내리는 소리였습니다. 나보코프가 인용한 이른바 모든 "증거"는 실은 모순적이고 불확실한 것들이었습니다. 소설의 주인공은 창밖에서 들리는 물소리를 비가 오는 증거라고 생각했지만 실제로 창밖에서는 비가 오기는커녕 태양이 빛나고 있었습니다.*

이것이 바로 우리가 죽음 이후의 삶, 죽음 이후 일어나는 일을 과학으로 해명하려 하지 않는 이유입니다. 이는 분명 과학의 영역이 아닙니다. 과학은 애초에 우리의 현생에만 관심이 있기 때문입니다. 과학의 사고, 도구, 가설, 증거와 방법론은 모두 지금 우리가 사는 이 삶을 아는 데 초점을 둡니다. 과학으로 증명할 수 있는 것이 아니라면 무엇으로 이 세계 너머의 현실에 접근할 수 있을까요? 철학일까요? 철학이 그 시초부터, 인간의 사고작용이 시작된 때부터 이 고통스러운 질문에 궁극적인 답을 찾기 위해 노력해온 것은 사실입니다. 영혼 불멸을 설명하기 위해 노력한 플라톤의 『파이돈』 Phaedo은 이 주제를 가장 탁월하게 설명한 책 중 하나입니다. 알다노프Mark Aldanov**의 소설에서 주인공이 스스로 목숨을

---

* 여기서 슈페만이 언급하는 작품은 나보코프의 소설 『재능』The Gift(을유문화사)이다.
** 마크 알다노프(1886~1957)는 러시아 출신의 유대인 작가이자 비평가다. 키이우의 부유한 유대인 사업가 집안에서 태어나 키이우 대학에서 물리학, 수학 및 법학을 공부했다. 1919년 러시아 혁명을 계기로

끊기 직전 플라톤의 책을 찾아본 것은 우연이 아닙니다. "이 제 나는 마침내 죽음 이후 무엇이 있는지 없는지 알 수 있게 될 것"이라 말하며 그는 애타게 『파이돈』을 찾아 헤맵니다. 그러나 그는 책을 찾는 데 실패하지요.[1]

플라톤의 주장은 그의 주장을 받아들이기 전부터 영혼 불멸을 믿는 이들에게는 유효해 보입니다. 그러나 영혼 불멸을 믿지 않다가 『파이돈』을 읽고 갑자기 "전에는 믿지 않았지만, 플라톤을 읽고 확실히 믿게 됐지!"라고 말한 이는 인류 역사상 없었습니다. 이 질문에 해답을 제시하려는 모든 철학적 시도도 마찬가지입니다. 우리는 그러한 논증으로 설득되지 않습니다. 이러한 시도의 또 다른 문제는 이 세계 너머의 세계를 입증하기 위해 애쓰다가 우리 눈에 보이는 이 세계의 가치와 현실을 평가절하하게 된다는 것입니다.

플라톤은 "현명한 사람도 그 끝에는 영원한 죽음이 있을 뿐이다"라고 말합니다. 이 세계에는 오직 고통과 무지가 있

프랑스로 이주했고, 미국에서 몇몇 동료들과 함께 러시아 이민자들의 소설과 글을 주로 싣는 문학 잡지 『뉴 리뷰』The New Review를 창간했다(이 잡지에는 블라디미르 나보코프, 이반 부닌Ivan Bunin, 알렉산드르 솔제니친 Aleksandr Solzhenitsyn 등이 기고했다). 주요 작품으로 『악마의 다리』The Devil's Bridge, 『죽음에 관한 이야기』A Story About Death, 『자살』Suicide 등이 있다.

1 Mark Aleksandrovich Aldanov, *Suicide* (New York: Izd. Literaturnogo fonda, 1958)

을 뿐이며 모든 것이 변하고 영원한 것은 없다는 플라톤의 주장은 그렇기에 반드시 이 세계 너머의 다른 세계가 존재해야 한다는 생각, 불변하는 기쁨, 영원한 생명, 축복이 있어야 한다는 생각을 내포합니다. 물론 이 생각은 매우 오래전부터 있던 생각입니다. 끔찍한 이 세계가 끝이 아니며 다른 세계가 우리를 기다리고 있을 것이고, 우리는 그것을 기다려야 한다는 생각 말이지요.

아이러니하지만, 이는 우리에게 주어진 단 하나의 세계를 향한 냉소와 거부에서 비롯된 생각입니다. 우리가 속한 세계를 거절하고 평가절하하고 비하하는 이러한 생각에 대항하며, 이 세계에 거대한 반란이 일어났습니다. 종교를 폐기해야 한다는 주장은 바로 이 반란에서 나왔습니다. 그런데 하느님이 그저 이 모든 세계를 거부하고 막연한 약속, 미지의 '다른' 세계의 영광, 그러한 세계의 가능성을 기대하게 하려고 이 세계와 생명, 모든 아름다움과 가능성을 창조하셨다는 것이 말이 될까요? 이런 생각은 '음… 모든 종교가 이런 이해를 추구하고 있다면 그냥 종교를 다 버리자. 종교 없이도 충분히 더 잘 살 수 있어'와 같은 생각으로 이어지고 맙니다.

그 결과 인류는 두 진영으로 갈라져 지금까지 서로 대립하고 있습니다. 인간의 죽음에 대한 이해, 죽음의 모호성에 대한 견해가 서로 다르기 때문입니다. 한편에서는 죽음 이후 존재하는 다른 세계의 존재를 옹호하며 우리가 사는 이 세계와 삶을 가볍게 여깁니다. 그들은 삶이 덧없고 악하다는 점을 지적하며 '다른 세계'에는 그런 것들이 없다고 말합니다. 또 다른 한편에서는 우리가 사는 이 세계를 옹호합니다. 그들은 현재라는 이름 아래 영원과 관련된 모든 가능성을 거부하며 사실상 인간을 우연하고, 덧없고, 한시적인 사건으로 격하합니다.

하지만 반드시 이 두 입장 중 하나를 받아들여야 할까요? 무의미한 두 가지 주장 중 하나를 선택해야 하는 것이 우리에게 주어진 유일한 선택일까요? 전자는 창조주-하느님을 믿는 것처럼 보이지만, 실은 그분의 창조를 거부하고 하느님이 창조한 세계에서 분리되고자 하는 열망을 표현하고 있습니다. 후자는 이 세계가 무의미함만이 가득한 끔찍한 곳이라는 이해를 표현합니다. 이곳에 남게 된 인간, 이 세계를 이용하고 탐닉하는 인간은 우연히 이 세상에 떨어진 방문자이며 결국 필멸할 존재입니다. 이 끔찍하고 두려운 딜레마는 우리에게 반드시 이어지는 물음에 답할 것을 요구합니다. '죽음이라는 질문, 모두가 피할 수 없는 이 끈질긴 질문과 어떻게 마주해야 할까?'

이러한 문제들은 고통스럽고도 괴로운 죽음의 문제를 이야기하도록 우리를 이끕니다. 어떻게 해야 이 문제를 용감하고도 겸손하게 마주할 수 있을까요? 그런 때가 오기는 할까요? 이제 그리스도교 신앙에 대해 살펴볼 차례입니다. 모든 것을 소멸시키는 죽음과 부활 위에 세워진 그리스도교 신앙이 이 물음에 어떻게 답하는지 함께 알아봅시다.

최후의 원수

맨 마지막으로 멸망 받을 원수는 죽음입니다. (1고린 15:26)

그리스도의 고난과 핍박, 죽음, 그리고 이어진 그리스도교의 탄생기, 그리스도인을 향한 증오가 끓어 넘치던 시기에 사도 바울은 이 문장을 썼습니다.

앞서 저는 인간 이해의 핵심에는 죽음의 문제, 좀 더 정확히는 죽음의 문제에 관한 혼란이 놓여 있다고 이야기했습니다. 또한, 마지막 논의에서 인간이 삶과 맺는 관계, 즉 우리가 세계관이라 부르는 그것이 궁극적으로는 인간이 죽음과 맺는 관계에 따라 결정된다고도 설명했습니다. 이에 관한 두

가지 입장이 모두 완전히 만족스럽지도 못하고 진정한 답을 주지 못한다는 이야기도 덧붙였지요.

한편, 우리는 죽음이라는 이름으로 삶을 거부합니다. 플라톤은 "현명한 사람도 그 끝에는 영원한 죽음이 있을 뿐이다"라고 말한 바 있습니다. 이 말에서도 여느 종교들의 관점이 그렇듯 죽음의 확고한 승리가 드러납니다. 죽음은 삶의 목적을 유린합니다. 우리는 죽음을 피할 수 없습니다. 이때 우리의 희망을 미지의 세계에 두는 것이 최선의 선택처럼 보입니다. 그러나 이를 만족스러운 답이라고 할 수는 없습니다. 인간은 다른 세계에 대해 모르기 때문입니다. 알지 못하는 것을 어떻게 사랑의 대상으로 삼을 수 있겠습니까? 바로이 때문에 어떤 사람들은 "음울"하고, "죽음에 몰두하는" 종교들을 한심하고 슬픔으로 가득 찬 세계관으로 간주하고 이들을 거부합니다. 그러나 삶을 내세워 이 세계를 중시하느라, 죽음을 거부하느라 인간은 죽음에 대한 억압, 두려움에서 해방되지 못합니다. 오히려 영원이라는 관점을 잃게 되면서 더욱 연약해지고, 더 덧없어질 뿐입니다. 언젠가 보리스파스테르나크Boris Pasternak*는 노래했습니다.

---

* 보리스 파스테르나크(1890~1960)는 러시아의 시인이자 소설가다. 모스크바 대학교에서 법과 철학을 공부했으며 대학교를 졸업한 뒤에는 시

우리는 전등을 들고

이곳저곳을 거닐 것이다.

그러면 무언가를 찾게 될 것이다.

그리고 죽게 될 것이다.

　　모든 문명은 천천히 스며드는 독과 같은 죽음에 대한 두려움, 삶의 무의미함을 억누르려는 극심한 강박에 시달리고 있는 것처럼 보입니다. 그리고 인간의 의식을 끊임없이 맴도는 죽음에 대한 염려, 기억, '왜 나는 이렇게 스쳐 지나가는, 결국 스러져 버릴 삶을 살고 있는가?'라는 물음을, 문명은 뿌리 뽑으려 헛된 발버둥을 칩니다. 바로 이 지점에서 문명은 종교와 극심한 갈등을 벌입니다.

　　다시 강조하지만, 앞서 언급한 두 가지 답은 해결책이 되지 못합니다. 그리고 이 딜레마는 우리를 '그리스도교는 죽음에 관해 무엇이라고 말하는가?'라는 질문으로 이끕니다. 설령 우리가 그리스도교에 관해 아는 것이 없다 해도 그리스

　　인으로 활동했으며 셰익스피어의 희곡, 괴테의 『파우스트』, 그루지야 시인들의 시, 바이런 등의 시를 번역하기도 했다. 1945년부터 1955년까지 『닥터 지바고』Доктор Живаго를 썼고 1958년 노벨문학상 수상자로 선정되었으나 수상은 거부했다. 이후 소련작가동맹에서 제명되었고 추방당할 위기까지 처했으나 망명은 면한 채 페네켈리노에서 조용히 세상을 떠났다. 주요 작품으로 『닥터 지바고』(민음사), 산문집 『이야기』Повесть 등이 있다.

도교가 죽음을 근본적으로 다른 태도로 접근하고 있다는 것을 떠올릴 수밖에 없기 때문입니다. 그리스도교는 앞서 언급한 두 가지 중 하나로 수렴되지 않는, 전혀 다른 접근 방식을 취합니다.

맨 마지막으로 멸망 받을 원수는 죽음입니다.

이러한 관점은 다른 차원을 열어젖힙니다. 그리스도교에서 죽음은 멸망 받아야 할 원수입니다. 이로 인해 우리는 플라톤의 관점을 벗어날 수 있습니다. 플라톤은 우리가 죽음이라는 관념에 익숙해지도록 하려 애썼을 뿐 아니라 죽음을 사랑하도록, 그래서 우리의 삶 전체가 '죽음에 대한 연습'이 되도록 종용했습니다. 이와 달리 복음서는 그리스도께서 친구 라자로의 무덤 앞에서 눈물을 흘리셨다고 증언합니다. 이 얼마나 확실한 증언입니까. 그분은 "그래, 그는 이제 이 고단하고 고통스러운 삶에서 벗어나 지금은 천국에 있다. 그러니 다 괜찮다"라고 말씀하시지 않습니다. 우리가 위로한답시고 하는 흔한 무력한 말들로 우리를 위로하시지 않습니다. 그분은 아무 말도 하시지 않고 눈물을 흘리십니다. 그리고 복음서에 따르면, 그분은 친구를 되살려내십니다. 우리가 더 좋은 것을 향해 해방되는 길이라 여겼던 죽음으로부터 생명으로 친구를 회복시키십니다.

그리스도교의 중심에는 부활이 있습니다. 그리스도교는 죽음이 그 힘을 잃었다고 힘차게 선포합니다. "죽음으로 죽음을 짓밟는다!" 그리스도교는 수 세기 동안 이 전례 없는 선언, "주님께서 죽음을 정복하셨다"는 승리의 선언으로 이 세계를 다스렸습니다. 이러한 맥락에서 그리스도교인이란 다른 무엇보다 "죽은 자들이 일어나고 무덤에 있는 자들이 기뻐할 것이라"는 선언을, 죽음에서 부활한 그리스도를 믿는 이들입니다.

죽음에 대한 그리스도의 승리, 이것이야말로 그리스도교가 전하는 진실입니다. 하지만 오늘날 그리스도교, 몇몇 그리스도교인들은 세상이 보기에 어리석어 보이는, 그러나 승리에 찬 새로운 관점을 약화시켰습니다. 그리고 점점 플라톤의 생각을 따라가기 시작했습니다. 삶과 죽음이 서로 대적하는 것이 아니라 두 세계가 서로 대적하는 것이라는 관점을 갖기 시작했습니다. '이 세계'와 '다른 세계', 불멸한 죽은 이들의 영혼이 기뻐하며 살고 있을 것으로 여겨지는 세계를 대립시키기 시작한 것입니다.

그러나 그리스도께서는 영혼 불멸을 말씀하시지 않았습

니다. 그분이 말씀하신 것은 죽은 이의 부활입니다. 우리는 이 두 가지 접근 사이에 건널 수 없는 거대한 심연이 있음을 보아야 합니다. 영혼 불멸을 곧이곧대로 믿는다면 우리는 죽음에 관심을 기울일 필요가 없습니다. 죽음에 대한 주님의 승리, 죽음의 멸망, 부활에 대해서도 생각할 필요가 없겠지요.

맨 마지막으로 멸망 받을 원수는 죽음입니다.

우리 스스로 물어봅시다. 죽음이 마지막 원수라는 것은 무슨 뜻입니까? 죽음의 적은 누구일까요? 어떻게 이 원수가 세상을, 또 우리의 삶을 지배하게 된 것입니까?

블라디미르 솔로비요프Vladimir Solovyov*의 시가 떠오릅니다.

---

* 블라디미르 솔로비요프(1853~1900)는 러시아의 철학자다. 정교회 신자이자 역사학자의 아들로 태어나 가정에서 어학 · 역사학 · 철학 등의 교육을 받았다. 모스크바 대학교에서 서양철학의 위기를 주제로 박사 논문을 받았으며 이후 상트페테르부르크대학교 교수로 활동했다. 독실한 정교회 신자였음에도 불구하고 교회 일치 운동에 적극적으로 참여했으며 성서가 증언하는 하느님의 '소피아' 즉 '지혜'를 숙고하는 신학 흐름인 '지혜론'Sophiology의 아버지로 평가받는다. 시인으로서도 뛰어난 재능을 발휘해 후기의 러시아 상징과 시인들에게 커다란 영향을 끼쳤다.

죽음과 시간이 이 땅을 다스리나

그들을 '주님'이라 부르지 말지어다.[1]

그러나 인간이 오래전 당연한 것으로 받아들여 버린, 저항하기를 거부한, 철학적으로 고민하기를 멈춘, 종교와 문화조차 타협해버린 죽음의 지배력을 어떻게 인정하지 않을 수 있겠습니까.

그리스도교의 주된 관심은 죽음을 받아들이는 법이 아니라 죽음을 이긴 승리에 있습니다. 그러나 오늘날에는 죽음에 관한 그리스도교의 가르침이 잘 들리지 않습니다. 그리스도교인들조차 이 문제를 다루지 않습니다. 그렇다고 해서 어리석은 철학자 표도로프Nikolai Fyodorov*처럼 죽음과 부활을 다

---

1 Vladimir Soloviev, *Stikhotvoreniia i shutochnye pesy* (München: Wilhelm Fink Verlag, 1968), 93.

* 니콜라이 표도로프(1829~1903)는 리쉘리에 리체이Richelieu Lyceum에서 공부했으며 이후 학교 교사, 체르트코프 도서관 사서, 류만체프 박물관 도서관에서 사서로 근무했다. 생전에는 책을 펴내지 않았으나 1903년 세상을 떠난 뒤 그가 썼던 글들을 모아 놓은 『공통 과제의 철학』Философия общего дела이 출간되었고 두 권으로 이루어진 이 선집은 당대 러시아 지식인들에게 커다란 영향을 미쳤다. 그는 죽음의 절대성에 의문을 품고 죽음은 단지 '의학적인 죽음'에 불과하며 모든 학문은 죽은 이들을 삶으로 되돌리는 것, 육신의 영원한 소생을 목적으로 삼아야 한다고 주장했다.

룬다면 그것은 그저 하나의 지적 논의, 타협에 불과할 것이며 필연성이라는 굴레에 갇히게 될 것입니다. 그리고 그렇게 된다면, 다시 말하건대 그리스도교 신앙은 사도 바울의 말대로 무의미해질 것입니다.

> 그리스도께서 살아나지 않으셨다면 … 여러분의 믿음도 헛될 것입니다. (1고린 15:14)

그리스도교의 죽음 이해는 다음 장에서 좀 더 이야기하겠습니다.

III

죽음의 기원

앞서 그리스도께서 라자로의 무덤에서 눈물을 흘리셨다고 기록한 복음서 이야기를 언급한 바 있습니다. 잠시 숨을 고르고 이 눈물의 의미를 생각해봅시다. 바로 그 순간, 오래도록 종교가 죽음을 다루어온 방식에 근본적이고도 독특한 변화가 일어났기 때문입니다.

그때까지 종교, 그리고 철학의 목적은 인간이 죽음을 받아들이도록, 가능하다면 죽음을 긍정하도록 만드는 것이었습니다. 이러한 관점에서 죽음은 육체의 구속으로부터 해방되는 일이고, 모든 고통에서 벗어나는 일, 분주하고, 끝없이 변하는 이 악한 세상에서 자유로워지는 일이었습니다. 그리스도 이전의 원시 종교, 그리스 철학, 불교와 같은 그리스도교 외의 철학과 종교가 가르치는 죽음은 모두 이러한 사고의 총체였습니다. 그러나 그리스도께서는 당신의 친구 무덤 앞에서 눈물을 흘리셨습니다. 그렇게 그분은 자신이 죽음과 투쟁하고 있다는 것, 죽음을 인정하지도, 죽음과 타협하지도 않으신다는 것을 만천하에 드러내셨습니다. 죽음은 당연한 일, 자연스러운 현상이기를 멈추었고, 이상한 일, 자연스럽지 않은 일, 불쾌한 일, 뒤틀린 일이 되었습니다. "맨 마지막으로 멸망 받을 원수는 죽음입니다"라는 선언대로 죽음은 원수가 되었습니다.

이 혁명적인 변화의 힘과 깊이를 제대로 느끼려면 근원에서 출발해야 합니다. 죽음에 관한 전에 없던 새로운 접근, 그 근원으로 돌아가 이야기를 시작해 봅시다. 이에 대한 간명한 진술을 우리는 성서에서 찾을 수 있습니다.

하느님은 죽음을 만들지 않으셨고 산 자들의 멸망을 기뻐하시지 않는다. (지혜 1:13)

이는 이 피조 세계에 하느님으로부터 비롯되지 않은, 그분이 원치 않으시는, 그분이 창조하시지 않은 힘이 있으며, 하느님에게서 분리된 그 힘이 하느님에게 대적하고 있음을 뜻합니다.

하느님은 생명을 창조하셨습니다. 하느님은 영원 무궁히 생명 그 자체이시며, 생명을 주시는 분입니다. 성서가 전하는 영원히 새롭고 신선한 이야기에서 하느님은 찬란한 빛과 삶의 기쁨이 가득 찬 이 세계를 기뻐하십니다. 성서가 전하는 이야기를 따라가 보면 이르게 되는 결론에 대해 좀 더 정확히 이야기해 보겠습니다. 성서에 따르면 죽음은 하느님을 부정하는 것입니다. 세간의 철학과 종교의 가르침대로 죽음이 자연스러운 일이라면, 생명 현상의 궁극적인 결론, 변치 않는 진실이 죽음이라면, 모든 피조물이 굴복하고 마는 최상위 법이 죽음이라면 하느님은 존재할 수 없습니다. 그리고 그분과 관련된 모든 창조 이야기, 모든 기쁨, 생명의 빛은 완전한 거짓말일 것입니다.

그렇기에 그리스도교 신앙의 가장 중요하고 심오한 질문은 죽음이 어디에서 왔고, 어떻게 생겨났으며, 왜 생명보다 죽음이 강력해졌는지를 묻는 것이어야 합니다. 죽음은 왜 그처럼 강해진 것일까요. 어째서 이 세계를 죽을 운명에 처한 이들이 모여 사는 곳, 죽음의 공포에 두려워 떠는 곳, 죽어 묻혀 버릴 곳, 주변을 맴돌며 현실을 잊으려 애쓰는 우주의 무덤 같은 곳으로 만들 만큼 죽음의 영향력이 강력해진 것일까요?

그리스도교는 이 질문에 대하여 언제나 동일하게, 간결하게, 확신에 찬 답을 해왔습니다. 성서는 말합니다.

> 죄가 세상에 들어왔고, 또 그 죄로 말미암아 죽음이 들어온 것과 같이, 모든 사람이 죄를 지었기 때문에 죽음이 모든 사람에게 이르게 되었습니다. (로마 5:12)

그리스도교는 우선 죽음을 도덕적 질서의 일부이자 영적 재앙으로 봅니다. 이를 적절히 표현하기란 불가능하지만, 결국 인간이 죽음을 원했다고, 하느님이 대가 없이 사랑과 기쁨으로 주신 생명을 인간이 원하지 않았다고 그리스도교는 이야기합니다.

생명이 철저한 상호의존으로 지탱되고 있음은 의심할 여지가 없습니다. 성서에서도 인간은 홀로 살아갈 수 없다고 말합니다. 살기 위해 인간은 자신이 필요한 것을 타인으로부터, 외부로부터 받습니다. 인간이 살아가기 위해서는 인간이 아닌 다른 것들, 공기, 음식, 빛, 물, 적절한 온도가 필요합니다. 유물론은 이러한 의존성을 근거로 눈에 보이는 세계를 움직이는 물리적 힘을 강조합니다. 실제로 인간은 불가분 자연적으로, 생물학적으로, 생리적으로 세계에 의존하기 때문에 이러한 견해는 꽤 타당해 보입니다.

그러나 이를 바탕으로 유물론이 이 세계와 인간에 대한 궁극적인 진리란 결국 인간과 세계가 물질이라는 것뿐이라고, 그것만이 자연의 자명한 법칙이라고 이야기하는 반면, 그리스도교는 이를 세계와 인간의 타락, 왜곡이라고 말합니다. '원죄'original sin라는 말은 바로 이를 가리킵니다. 하느님은 태초부터 지금까지 세계를 통해 인간에게 자신을 드러내십니다. 그렇기에 세계는 생명 그 자체이시며, 삶의 유일한 내용이신 그분과 지속적이고 자유롭게, 기쁨으로 만나는 친교의 수단입니다.

주님, 당신을 향하도록 우리를 창조하셨기에, 당신 안에서 쉴 때까지는 저희 마음이 안식을 누릴 수 없습니다.[1]

비극은 인간이 하느님과 함께하는, 하느님을 위한 삶을 갈망하지 않았다는 데 있습니다. 그리스도교가 죄에 관해 가르

---

1 Augustine, *Confessions*, 1.1. 『고백록』(경세원)

치는 바도 이것입니다. 인간은 자신만을 위해 살기를 갈망했고, 자기에게서 삶의 목표와 목적과 내용을 찾고자 했습니다. 하느님의 뜻이 아닌 자신의 뜻을 따라, 자유의지를 활용해 그분 대신 자기 자신을 찾으며, 자신을 우선시함으로써 인간은 자신도 모르게, 그리고 불가피하게 세계에 의존하는 노예가 되었고, 자기만의 세계에 결박당해 버렸습니다. 인간은 살기 위해 먹으나 그것은 죽음과 교감하는 일이 되고 맙니다. 인간이 먹는 것은 생명이 없는 것이기 때문입니다.

언젠가 포이어바흐는 "당신이 먹는 것이 곧 당신이다"라고 말한 바 있습니다. 물론 그렇습니다만 인간이 먹는 그것은 죽은 것입니다. 그렇게 인간은 살기 위해 먹는 대신 먹기 위해 살기 시작했습니다. 삶에 대한 유물론 관점은 이 무의미한 악순환에 갇혀있습니다. 끔찍한 결정론입니다.

그러니 죽음은 스스로 해체되기를 선택한 인간의 끝없는 파괴와 오염된 생명의 결실입니다. 자기 안에 생명이 없기에, 인간은 죽음의 세계에 자신을 내던집니다.

하느님은 죽음을 만들지 않으셨다.

죽음을 이 세상에 가져온 존재는 자신만을 위한 삶을 갈망했던, 생명의 근원이며 목적이며 내용이신 하느님에게서 스스로 잘려 나온 인간입니다. 이 때문에 죽음이, 파괴이며, 분리이며, 생명을 헛되며 덧없게 하는, 이 땅에 존재하는 모든 것이 환상일 뿐임을 드러내는 죽음이 삶의 최상위법이 되었습니다.

자신을 위로하기 위해 인간은 죽음이 없는 세계, 이 세계가 아닌 다른 세계에 대한 꿈을 만들어냈습니다. 그리고 그 꿈을 위해 인간은 이 세계를 죽음에 내주었습니다. 이처럼 우리는 생명의 내용을 완전히 왜곡해 이해하고 있습니다. 이 왜곡에서 돌이켜 그리스도교의 죽음 이해로 돌아갈 때만, 다시금 새로이 죽음의 멸망을 선언하는 부활의 소리가 울려 퍼질 수 있습니다.

IV

몸의 부활

앞서 언급한 모든 논의는 결국 한 방향을 지시합니다. 이제 그리스도교의 심장이며 핵심 주제인 부활 선포에 대해 논의할 차례입니다. 먼저 부활은 몸과 분리된 영혼이 불멸하는 것, 혹은 육체 없는 영혼이 천상의 세계에 존재하는 신비로운 일이 아님을 강조해야겠습니다. 성서는 말합니다.

죽은 이들이 다시 일어날 것입니다. 무덤 속에서 잠자던 사람들이 깨어나서, 즐겁게 소리칠 것입니다. (이사 26:19)

얼마나 놀라운 말입니까. 얼마나 의기양양한, 승리의 약속으로 가득한 선언입니까. 이 선언은 성금요일 밤, 어둠과 슬픔이 가득한 밤, 십자가와 예수를 감싼 수의를 비추는 작은 빛, 다가올 부활의 전조입니다. 그리스도교의 오래된 신앙고백은 단순하게 "몸이 다시 사는 것"을 믿는다고 확언합니다.

복음서에 따르면, 부활한 그리스도를 본 제자들은 놀라고 두려워했으며 자기들이 유령을 봤다고 생각했습니다. 예수께서는 제자들에게 "두려워 말라… 바로 나다. 나를 만져 보아라. 유령은 살과 뼈가 없지만, 나는 있다"고 말씀하시고, 제자들에게 물고기와 빵을 받아 "그들 앞에서 잡수셨"(루가 24:36~43)습니다. 제자들은 부활의 메시지를 가지고 예루살렘을 떠나 죽은 이의 부활을 땅끝까지 전했습니다. 제자들의 말을 받아들인 이들에게는 이 믿음이, 이 기쁜 소식이, 이 선포가 기쁨과 생명이 되었습니다.

그러나 제자들이 선포한 내용은 당시 사람들에게는 전례 없는, 말도 안 되는 소리였습니다. 당시 사람들은 영혼 불멸은 그럭저럭 받아들였지만, 몸이 다시 산다는 것은 터무니없는 소리로 여겼습니다. 사도 바울이 그리스 지혜와 계몽의 중심지였던 아테네에서 설교할 때, 그의 말을 들은 철학자들은 웃으며 바울에게 "이 일에 관해서 당신의 말을 다시 듣고 싶소"(사도 17:32)라고 말했을 정도였습니다.

그리스도교가 시작된 지 2천 년이 지난 지금이라고 사정이 크게 나아진 것은 아닙니다. 몸의 부활에 관한 가르침을 이해하기란 불가능한 일은 아니더라도 어려운 일입니다. 그 때문에 그리스도교 역시 때로는 이 가르침 위에 서기도 했지만, 때로는 넘어지기도 했습니다. 물론 그리스도교는 부활절을 기념합니다. 매년 부활 밤마다 "그리스도께서 부활하셨습니다!"라고 선포하고, 이 선포에 "참으로 부활하셨습니다!"라고 응답합니다. 이 과정에서 우리에게 무슨 일인가 일어난다는 것은 분명합니다. 그러나 이 모든 것이 의미하는 바가 무엇인지를 숙고해보면, 그러니까 우리가 이 부활 밤을 왜 기뻐하는지, 그 기쁨이 우리에게 어떤 의미가 있는지, 나에게 어떤 의미가 있는지를 찬찬히 생각해보면 오히려 모든 것이 뒤죽박죽으로 섞이면서 이해하기 어려워집니다.

몸의 부활, 정말 무슨 뜻일까요? 땅에 묻히고, 자연의 신비로운 순환으로 들어간 몸은 어디에 있는 것일까요? 땅에 묻힌 뼈들이 다시 살아날 것을 기대하라는 말일까요? 신비롭고 영적인 다른 세계에서도 정말 몸이 필요하긴 할까요? 모든 시대를 통틀어 현자들과 신비가들은 죽음이란 몸이라는 감옥에서 해방되는 것이며, 끝없이 물질에 의존해야 하는, 물리적인 삶에서 벗어나는 것이라고, 우리의 영혼이 빛나게, 가볍게, 자유롭게 되는 영적인 사건이라 가르치지 않았나요?

몸의 의미를 더욱 깊이 생각하면 이 질문을 새로운 관점으로 볼 수 있습니다. 추상적이고 철학적인 용어로 이 주제에 접근해서는 안 됩니다. 오히려 실질적으로, 나의 실제 삶, 우리의 실제 삶에서 몸의 역할에 대해 생각해보아야만 하지요.

우리의 몸이 일시적이고 영구적이지 않다는 사실은 분명합니다. 생물학자들은 우리 몸을 구성하는 모든 세포는 7년을 주기로 교체된다고 합니다. 생리학적으로 보면 우리는 7년마다 새로운 몸이 되는 것입니다. 그러므로 삶의 마지막에 무덤에 묻히거나 화장된 그 몸은 이전의 몸과 같은 몸은 아닙니다. 우리 한 사람 한 사람의 몸은 우리 한 사람 한 사람이 세계에 의존하는 형태이자 이 세계에서의 삶과 활동이 육화된 것이라 할 수 있습니다.

본질적으로 나의 몸은 세계, 또 다른 이들과의 관계를 반영합니다. 우리의 삶은 결국 친교이며 상호 관계입니다. 인간의 몸, 우리 몸의 모든 기관은 예외 없이 이 관계를 위해, 친교를 위해, 관계 중에 나 자신을 표현하기 위해 만들어졌습니다. 이러한 맥락에서 친교의 최상위 형태인 사랑이 성

육신한 것은 결코 우연이 아닙니다. 보고, 듣고, 느끼는 몸은 그렇게 나 자신을 고립으로부터 꺼내 줍니다. 그렇다면 이렇게 말할 수도 있을 것입니다. 몸은 영혼의 어둠이 아니라 오히려 영혼의 자유라고 말이지요. 몸은 사랑의 핵심, 친교의 핵심, 생명의 핵심, 모든 움직임의 핵심입니다. 그렇기에 영혼이 몸을 잃는다면, 영혼이 몸에서 분리된다면 영혼 역시 그 생명을 잃습니다. 영혼의 죽음이 완전한 소멸이 아닌 안식이나 잠과 같은 것이더라도 몸이 죽으면 영혼도 죽습니다.

실제로 죽음이라는 '수면'뿐 아니라 모든 수면은 유기체의 죽음과 유사합니다. 잠이란 '몸'이 자는 것이며, 그동안 몸은 활동을 멈추기 때문입니다. 이때 몸은 일종의 유예 상태, 비실재 상태로 들어갑니다. 자는 동안에는 '잠'이 있을 뿐 대부분의 생명 현상이 멈춥니다. 이를 받아들이면, 그리스도교가 말하는 부활은 뼈와 근육이 소생하는 것을 말하는 것이 아님을 알게 됩니다. 뼈와 근육은 모두 물질세계에 속한 것이며, 결국 그 구성성분을 파고들면 원자에 지나지 않기 때문입니다. 거기에는 어떤 인격적인 요소도, 영속적으로 '나'라고 할 만한 요소도 없습니다.

그리스도교가 말하는 몸의 부활은 친교로서 삶의 회복을 뜻합니다. 우리가 서로 관계를 맺음으로써, 그 가운데 사랑을 추구함으로써, 그리고 사랑함으로써, 우리 자신을 드러 냄으로써, 그 모든 삶의 과정 중에 우리의 영적인 몸은 성숙 해집니다. 즉 몸의 부활이란 물질이 영속하게 되는 것이 아 니라 물질이 영화靈化, spiritualization되는 것, 그러니까 마침내 온 세계가 '참된 몸'이 되는 것, 인류가 생명과 사랑으로 온전 히 참 생명과 상통하는 것을 말합니다. 무덤과 묘비를 숭배 하는 것은 그리스도교 신앙이 아닙니다. 그리스도교의 가르 침은 우리 몸이 분해되어 다른 물질의 일부가 된다는 이야기 가 아닙니다. 그리스도교가 이야기하는 부활은 사랑으로 가 득해진, 생명의 충만함과 완전함의 회복입니다. 이것이 바로 부활의 의미입니다. 바로 여기서 그리스도교의 궁극적인 힘, 기쁨이 나옵니다.

죽음을 삼키고서, 승리를 얻었다. (1고린 15:54)

V

십자가 주간

사순절기 중반인 셋째 주, 교회의 십자가는 성전 가운데로 옮겨집니다.* 십자가 경배를 드리며, 우리는 그리스도교 신앙에서 가장 중요하고도 신비로운 주제를 마주하게 됩니다. 바로 예수의 고난과 십자가 처형, 그리고 죽음이지요. 이 주제가 왜 신비로울까요? 본래 고통은 우리 삶의 중심에 있는 것 아닙니까? 우리는 너무도 자주 이를 자각하지 않습니까? 네. 맞습니다. 하지만 여기서 이야기하는 것은 우리의 고

---

* 정교회는 특별히 사순 제3주일을 '십자가 경배 주일'로 지킨다. 이날 성당 중앙에 십자가를 놓고, 신자들은 그 십자가를 바라보며 예수의 고난과 희생을 묵상한다.

통이 아니라 그리스도의 고통입니다. 그리스도교에서는 그리스도가 하느님이라고 확신합니다.

우리는 종종 하느님께 설령 고통을 완전히 소멸시켜주시지는 않으시더라도 위로 정도는 해주시기를 바랍니다. 그리스도교 신봉자든 반대자든 모두 종교란 모름지기 '우리를' 돕고, 위로하고, 영혼에 위안을 줘야 한다는 점에 대해서는 모종의 기이한 합의를 이루고 있습니다. 이런 우리 모두를 향해 성금요일은 십자가를 제시합니다. 우리는 이 십자가를 보며 매번 같은 말을 듣습니다.

（예수께서는） … 근심하며 괴로워하기 시작하셨다. （마태 26:37）

그리고 그분은 이렇게 말씀하십니다.

내 마음이 괴로워 죽을 지경이다. （마태 26:38）

그분은 슬픔과 절망에 빠진 제자들을 돕는 대신, 제자들에게 도움을 청하십니다.

너희는 여기에 머무르며 나와 함께 깨어 있어라. (마태 26:38)

그리고 그분은 외롭게 고통받으십니다. 폭행당하고, 비웃음 당하고, 뺨 맞고, 사람들의 침을 맞고, 손과 발에 못이 박힙니다. 이 모든 고통 중에서도 가장 끔찍한 고통은 버림받는 것입니다. 모두가 그분을 버렸습니다. 모두가 그분을 버리고 달아났습니다.

세 시쯤에 예수께서 큰 소리로 부르짖어 말씀하셨다. "나의 하느님, 나의 하느님, 어찌하여 나를 버리셨습니까?" (마태 27:46)

온 하늘이 가려진 듯한 상황에서 그분은 외치셨습니다. 하지만, 우리가 이 외침을 가만히 들여다보면, 이 외침에 귀를 기울여보면 우리가 믿는 종교 그 자체에 무언가 이상한 일이 일어납니다. 여기서 우리에게 친숙한 종교는 설 자리가 없습니다. 여기에는 하늘로부터 오는 어떤 지지도, 도움도, 보증도 없습니다. 이 끔찍하고 알 수 없는 죽음 이후에도 우리는 촛불을 켜고 추모 예배를 드리고, 다 잘 될 것이라고, 하느님이 이곳에서뿐만 아니라 저기서도 우리를 도와주시리라 기대합니다. 오늘날 그리스도교 신자 중 대다수는 이처럼 단순한 믿음을 갖고 있습니다. 그리스도께서 살아계시던 당시 사람들도 치유와 도움, 유익한 가르침을 바라며 그분을 따랐지요. 그러나 복음서는 이런 식으로 예수를 따랐던 군중이 점차 줄었다는 사실을 지적합니다. 예수께서는 모든 계명을 지켰지만 "네가 완전한 사람이 되려고 하면, 가서 네 소유를 팔아서, 가난한 사람에게 주어라. 그리하면, 네가 하늘에서 보화를 차지하게 될 것이다. 그리고, 와서 나를 따라라"(마태 19:21)라는 말씀을 끝내 받아들이지 못한 부자 청년에게 버림받으셨습니다. 위대한 사랑의 나눔이 있던 마지막 밤, 식사를 마치고 한 제자는 그분을 배신하기 위해 식탁을 떠났습니다. 그리고 결국 모든 제자가 그분을 버리고 달아났습니다.

우리가 바라는 삶은 정확히 이와 반대입니다. 우리는 홀로, 무명으로 시작해 점차 이름을 알리고, 명성과 찬사를 얻기를 바랍니다. 그러나 복음서에서 십자가에서 생을 마감할 때, 그리스도께서는 홀로 남겨지셨습니다. 이에 더해 그분은 앞으로 일어날 일에 대해 이렇게 말씀하셨습니다.

사람들이 나를 박해했으면 너희도 박해할 것이다. (요한 15:20)

너희는 세상에서 환난을 당할 것이다. (요한 16:33)

우리가 받은 단 하나의 소명, 단 하나의 요구는 우리의 십자가를 들고 가는 것입니다. 우리는 이 십자가가 무엇인지 이미 알고 있습니다. 실로 이상한 일입니다. 그리스도교에서는 하느님의 도움이 아닌 십자가를 제시합니다. 편안하고 안락한 삶을 약속하는 대신 "그들은 나를 박해했고, 너희를 박해할 것이다"라는 이야기를 전합니다. "그가 남은 구원하였으나, 자기는 구원하지 못하는가 보다! 그가 이스라엘 왕이시니 지금 십자가에서 내려오시라지! 그러면 우리가 그를 믿을 터인데!"(마태 27:42)라며 십자가에 못 박힌 그리스도를 조롱하고 박해하는 바리사이인 이야기에서 "너희 하느님은 너를 도우실 수 없나 보지?"라는, 그리스도교인들을 향한 세상 사람들의 조롱이 연상되지 않나요?

우리가 하느님께 이런 유의 도움을 기대하는 한, 기적을 일으켜 우리 삶의 모든 고통을 없애주기만을 바라는 한, 세상의 조롱과 박해는 계속될 것입니다. 그럴 만합니다. 두통을 없애는 데는 기도보다는 값싼 알약 하나가 훨씬 효과적이기 때문입니다. 우리가 종교에 이러한 알약을 기대하는 한, 사소한 일 때문이든 중요한 일이든 우리가 그러한 알약과 알

약의 효과를 바란다면 우리는 결코 십자가의 신비를 이해할 수 없을 것입니다. 우리가 계속 거기에 머무르는 한 사도 바울이 초기 그리스도교인들을 향해 말했듯 십자가는 "유대 사람에게는 거리낌이고 이방 사람에게는 어리석은 일"(1고린 1:23)로 남을 것입니다. 십자가를 은과 금으로 치장한다 해도 소용없습니다. 종교의 도움만을 구하는 "유대 사람" 같은 이들, 쉽고 명쾌한 설명만을 찾는 "이방 사람" 같은 이들에게 십자가는 거리낌이며 어리석음일 수밖에 없습니다.

십자가는 다시금 우리를 이 길에 데려다 놓습니다. 이 독특한 성 주간, 교회는 무언가를 시험하고 토론하는 길이 아닌, 조용하고 굳건하게 한 발 한 발 그리스도를, 느리지만 돌이킬 수 없는 길로, 고통을 향해, 십자가를 향해, 죽음을 향해 가시는 그리스도를 천천히 따르는 길로 우리를 초대합니다. 십자가를 짊어지는 길로 우리를 초대합니다. 이 초대에 응하면 무언가 기이한 일이 일어납니다. '나 자신'의 문제, '나'의 어려움, '나'의 고통에서 다른 사람에게로 시선이 돌려집니다. 고요히 슬픔 속에 고통당하는 사람이 눈에 들어옵니다. 그리고 이 공포와 배신과 외로움의 밤에 감사와 사랑과 승리 또한 있음을 보게 됩니다.

그때 우리에게는 기이한 일이 일어납니다. 우리도 모르는 사이, 자기중심적이던 싸구려 종교, 자신만을 위해 무언가를 요구하는 종교, 하느님을 향한 예배조차 그 요구에 가두어 버리는 종교는 증발해 버립니다. 그리고 우리가 믿던 그리스도교 신앙이 그런 종교와는 완전히 다른 차원의 것이라는 점이 분명하게 다가옵니다. 그리스도교가 전하는 것은 위로와 도움이 아니라 기쁨과 승리임이 드러납니다. 다음 장에서는 그리스도께서 골고다에 오르던 길을 마음으로나마 따라가 보고자 합니다. 그분이 십자가를 지고 가신 골고다에서 영원한 것, 영원히 중요한 무언가가 우리에게, 우리의 영혼에 밝히 드러났기 때문입니다.

사순절기에 십자가를 예배당 중앙에 두는 것은 바로 이 때문입니다. 교회는 이 주간을 십자가 경배 주간이라 부릅니다. 이 십자가 경배 주간에, 우리의 개인사가 궁극을 향하도록, 아마도 가장 두려운 길, 그러나 마침내 신앙의 신비를 기뻐하는 길에 서도록, 교회는 우리를 부릅니다.

VI

부활[1]

그리스도께서 부활하셨습니다! 참으로 부활하셨습니다!

부활절, 주님의 부활절, 축제 중 축제요, 성스러운 날 중의

성스러운 날!

무슨 말이 더 필요할까요?

누구도 가난을 슬퍼하지 마십시오. 하느님 나라가 우리 가

---

1 이 글은 슈메만이 세르게이 불가코프를 추모하며 한 설교를 바탕으로
한다.

운데 이르렀습니다.[2]

그러나 이 놀라운 말을 듣고, 기뻐하고, 믿다가도 수많은 이가 이 광명의 날, 빛나는 날이 진정 무엇을 뜻하는지를 들어본 적이 없다는 사실을 불현듯 깨닫습니다. 많은 이에게 이 선포는 아무 의미도 없는, 공허한 말입니다.

오히려 많은 이는 이 말에 적개심을 보이며 냉소하고 회의에 빠집니다. 수많은 사람이 이 기쁨을 모르고, 이 기쁨에서 등을 돌리고 마음을 닫아버렸는데, 어떻게 여전히 이를 기뻐하며 즐거워할 수 있을까요? 이 말의 의미를 어떻게 설명해서 그들의 마음을 돌릴 수 있을까요? 아니, 애초에 그들에게 어떤 증거를 보여주는 것이 가능하긴 할까요? 그리스도께서는 말씀하셨습니다.

죽은 사람들 가운데서 누가 살아난다고 해도, 그들은 믿지 않을 것이다. (루가 16:31)

우리가 가진 증거는 빈약하기만 한데 무엇을 기대하고 바랄

---

2 요한 크리소스토무스John Chrysostom의 부활 송가에 나오는 구절.

수 있을까요? 하지만 놀랍게도 부활의 힘, 그 완전한 승리의 능력은 바로 '증명할 수 없다'는 사실에 있습니다. 부활의 실재에 관한 한 인간의 지식, 인간이 가진 모든 증거는 완전히 무력하다는 사실 말입니다.

19세기 말 모스크바에 성직자 가정에서 자란 세리오자 Seriozha, 세르게이 불가코프Sergei Bulgakov라는 한 소년이 있었습니다. 그는 어린 시절부터 예배의 시적 아름다움에 사로잡혔고 자연스레 단순하고도 맹목적인, 그리고 확고한 신앙을 갖게 되었습니다. 질문할 필요도 없는, 논증하지 않아도 되는 신앙이었습니다. 그는 이후 이 시기를 이렇게 기록합니다.

질문을 던지거나 의심을 품을 필요가 없던 시기였다. 그런 생각은 떠오르지 않았다. ... 우리 같은 아이들은 그저 이 축제 같은 삶의 충만함을 만끽할 뿐이었다. 우리는 그저 예배의 아름다움을, 그리고 성전을 사랑했다. 어린 시절은 얼마나 순수하고 풍요로웠던지! 우리는 우리 영혼을 비추는 천상의 빛에 푹 잠겨있었다.[3]

---

3 Sergei Bulgakov, *Autobiograficheskie zametki* (Paris: YMCA Press, 1946), 16.

그러나 질문과 논증의 시간이 찾아왔습니다. 이 정직하고 열정적이고 신실한 러시아 소년은 단순하고 순진했던 어린 시절을 떠나 무신론의 세계에 빠져들었습니다. 그 세계는 순전한 논증과 증거, 지성의 세계였습니다. 그렇게 겸손한 사제의 아들이었던 세리오자는 러시아 혁명을 이끄는 진보적인 지식인, 정치 지도자, 러시아의 과학적 사회주의(마르크스주의)를 대표하는 교수 세르게이 니콜라예비치 불가코프가 되었습니다. 독일 사상과의 대화, 대학교 교수, 마르크스주의 지도자들 간의 우정, 학문 활동, 정치 경제학 등 그는 당시 러시아 하면 떠오르는 모든 영광, 영예와 관련이 있었습니다. 무언가를 질문하고 논증하느라 고군분투하는 누군가가 있다면, 마르크스주의 연구에서 영예로운 왕좌에 오른 이가 있다면 바로 그였습니다. 당시 불가코프는 단순하고 믿을 수 없는 신앙을 거부하는 이들을 대표하는 사람이었습니다. 높은 학적 성취를 이루었고, 수많은 저서를 저술했지요. 수많은 이가 그를 따랐습니다. 그러나 점차 그 모든 논증이 무너지고, 먼지로 스러지더니, 한때 그가 딛고 섰던 땅은 완전히 무너져 내리고 아무것도 남지 않게 되었습니다.

그에게 무슨 일이 일어났던 것일까요? 질병을 앓았을까요? 정신적 문제를 겪었을까요? 깊은 절망에 빠졌던 것일까요? 아닙니다. 그를 둘러싼 환경에는 아무 변화가 없었습니다. 변화는 그의 영혼, 의식의 핵심에서 일어났습니다. 불가코프는 뻔한 질문에 뻔한 대답을 내놓는 일을 멈추었습니다. 그는 그간 자신이 붙들었던 질문이 더는 적확하지 않아졌고, 그간 해왔던 대답은 실효성이 없다고 생각했습니다. 불현듯 그간 축적해온 모든 지식(시장과 자본과 잉여가치에 대한 지식)이 실은 어느 것에도 대답이 되어 주지 못함을 분명하게 깨달았습니다. 그런 지식은 도무지 인간 영혼에 대해, 영혼의 끝없는 갈증에 대해, 가장 깊은 차원에 있는 채워지지 않는 갈망에 대해, 가장 깊고 후미진 곳, 만족할 줄 모르는 그곳에 대해 그 무엇도 알려주지 않고 말해주지도 않았기 때문입니다.

그는 다시 시작점으로 돌아갔습니다. 순진하던 어린 시절의 신앙을 되찾았다는 이야기가 아닙니다. 그리웠던 시절로 돌아갔다는 의미도 아닙니다. 남은 일생 역시 불가코프는 교수로, 철학자로, 지식인으로 살았습니다. 단지 그의 책이 이전과는 다른 무언가를 천명하기 시작했고, 그의 영감 넘치는 언어가 무언가 다른 현실을 선포하기 시작했을 뿐입니다.

오늘, 부활의 기쁨을 누리는 가운데 세르게이 불가코프를 기억합니다. 그는 "어떻게 입증할 수 있을까?"라는 물음에 답하려, 자신의 온 생애를 걸고, 모든 경험을 통해 대답하려

했습니다. 그러나 그가 그 모든 논증이 무력하며, 소용이 없다는 것을 깨닫게 되면서 그 모든 질문은 사라졌습니다. 사람들에게서 부활을 발견할 수도 없고, 부활의 능력이 그들에게서 기인한 것도 아님을 확신하게 된 것입니다. 생을 마감하기 얼마 전 맞이한 부활절에 그는 말했습니다.

문이 열리면 우리는 빛이 반짝이는 성전으로 들어갑니다. 부활의 노래를 부르노라면 우리의 마음은 넘치는 기쁨으로 충만해집니다. 그리스도께서 죽음에서 부활하셨습니다! 그 순간 부활의 기적이 우리 마음에도 일어납니다. 우리는 그리스도의 부활을 보았습니다. 우리는 빛나는 그리스도를 봅니다. 무덤에서 나오신, 신랑이신 그분께 나아갑니다. 그리고 우리는 우리를 둘러싸고 있던 것들을 잊고, 우리 자신에게서 벗어납니다. 그분께 압도당해 말을 잃은 침묵의 시간과 순백으로 빛나는 부활의 빛 속에서 이 땅의 빛은 희미해지고, 우리의 영혼은 부활의 빛에 흠뻑 젖습니다. 이제 모든 것이, 하늘과 땅과 그 아래 있는 모든 것이 빛으로 가득 찼습니다.

부활 밤, 인류는 다가올 시대를 예감하며, 영광의 하느님 나라에 들어가는 기쁨을 맛봅니다. 세상의 언어로는 부활 밤 우리에게 나타나는 이 완전한 기쁨을 설명할 수 없습니다. 부활은 하느님, 하느님과의 친교가 이끄는 영원한 삶입니다. 성령 안에서의 진리와 평화, 그리고 기쁨입니다. 부활하신 주님께서 여인들에게 가장 먼저 하신 말씀은 "기뻐하라"(마태 28:9)였습니다. 제자들이 부활하신 주님을 맞이하며 들은 첫 말은 "너희에게 평화가 있어라"(루가 24:36)였습니다.

이 말이 질문과 논증을 제대로 다루는 수준에 이르지 못한 이의 순진한 말, 아이의 말이 아니라는 점을 강조하고 싶습니다. 불가코프는 숱한 물음을 던지고, 논증한 후에 이 선언에 다다랐습니다. 이는 부활에 대한 논증이 아니라, 부활의 빛과 힘과 승리를 간직한 이의 증언입니다. 이것이 바로 이 빛으로 가득한, 기쁨으로 가득한 밤이 우리에게 어떤 논증도 하려 하지 않는 이유입니다. 이 충만한 기쁨, 이 충만한 앎을 통해 우리는 온 세상에, 우리에게 가까이, 또 멀리 있는 모두에게 선포할 수 있습니다.

그리스도께서 부활하셨습니다! 참으로 부활하셨습니다!

VII

도마를 생각하며

그리스도의 제자인 도마는 부활한 스승을 만났다는 다른 제자들의 이야기를 믿지 않았습니다.

> 나는 내 눈으로 그의 손에 있는 못자국을 보고, 내 손가락을
> 그 못 자국에 넣어 보고, 또 내 손을 그의 옆구리에 넣어 보
> 지 않고서는 믿지 못하겠소! (요한 20:25)

모든 시대를 통틀어 인류는 이와 같은 생각을 공유했습니다. 모든 지식과 과학이 이러한 생각에 기반하고 있지요. 내가 봐야, 내가 만져봐야 믿겠다는 것입니다. 사람들이 세운 모

든 이론과 사상은 이러한 생각 위에 세워져 있습니다. 그렇기에 "나를 보지 않고도 믿는 사람은 복이 있다"고 하신 그리스도의 요구는 불가능할 뿐 아니라 말도 안 되는 이야기, 잘못된 말처럼 보입니다.

어떻게 보지 않고 믿을 수 있습니까? 그리고 무엇을 믿으라는 것입니까? 단순히 더 높은 영적 차원의 존재를 믿으라는 것입니까? 하느님의 존재를 믿으라는 것일까요? 선함과 정의, 인간성 같은 것을 믿으라는 것인가요? 아니오. 아닙니다. 바로 죽은 자 가운데서 살아나심을, 그리스도교의 중심에 자리 잡은 전례 없이 놀라운 선언을, "그리스도께서 부활하셨습니다!"라는 선포를 믿으라는 뜻입니다.

이 믿음은 어디에서 생겨날까요? 억지로 믿음을 가질 수는 없습니다. 이에 슬퍼하고 분노한 사람들은 저 불가능한 요구를 파기하고 다시금 단순명료한 주장으로, 볼 수 있고, 만질 수 있고, 느낄 수 있고, 증명할 수 있는 길로 돌아섭니다. 하지만 기이하게도 우리가 아무리 보고, 확인하고, 만져본다 해도 우리가 추구하는 궁극의 진실에 이르지는 못합니다. 그것은 여전히 풀리지 않는 신비로 남아 있습니다. 마침내 정의를 실현했다고 생각하는 순간 정의는 사라지고 그 자리에 남는 것은 쇠퇴와 폭압, 지배 그리고 거짓뿐입니다. 자유는 오간 데 없습니다. 가장 참되고 보편적이고 과학적인 행복을 찾았다고 주장했던 이들이 행복과 정의, 자유라는 이름 아래 수백만을 수용소에 보내버린 모습을 우리는 목도했습니다. 이 끔찍한 두려움은 줄어들기는커녕 늘어나고 있으며, 증오가 덧입혀지고 있습니다. 두려움이 줄어들기보다 슬픔이 커지고 있습니다. 그들은 모든 것을 눈으로 확인하고, 검토하고, 만져보고, 계산하고, 분석했습니다. 그렇게 연구실에서 그리고 사무실에서 가장 진보적인 이론, 입증된 이론을 따라 행복을 찾고자 했습니다. 그러나 결과적으로는 가장 약소하고, 단순하고, 기본적인 지상의 행복도 설명하지 못했고, 가장 단순하고, 직접적이고, 생생한 기쁨도 얻지 못했습니다. 오히려 더 많은 희생, 더 많은 고통, 더 많은 증오, 박해와 악이 횡행하게 되었을 뿐입니다.

반면에 보이지 않고, 증명할 수도 없으며 확인할 수 없는 부활은 수 세기 동안 행복과 기쁨을 환기하고 있습니다. 부활 밤, 촛불이 밝히고 있는 얼굴들을 마주하고 있으면 곧 기대감이 차오르고, 느리지만 확실한 기쁨이 샘솟습니다.

어둠 속에서 우리는 "그리스도께서 부활하셨습니다!"라는 외침과 이에 응답하는 "참으로 부활하셨습니다!"라는 외침을 듣습니다. 성전의 문이 열리고, 빛이 들어오기 시작할 때, 우리는 이 순간에만 느낄 수 있는, 무엇과도 비교할 수 없는 기쁨이 점점 차오름을 느낍니다. "기뻐하고 즐거워하라 …" 이 말, 이 외침, 이 행복의 승리, 이 확실한 앎은 어디서 오는 것일까요? 참으로 "보지 않고도 믿는 사람은 복이 있"습니다. 그리고 바로 이곳이 기쁨의 현실이 나타나는 자리, 확증되는 자리입니다. 소경을 인도하는 소경이여, 나약한 신앙을 가진 회의에 빠진 이들이여, 와서 만져보십시오. 확인해 보십시오. 느껴보십시오!

교회는 믿기를 주저하는 이를 "의심 많은 도마", 불신자라고 부릅니다. 이런 면에서 부활절 후 첫 번째 주일을 특별히 그를 기념해 "도마 주일"이라고 명명한 것은 의미심장합니다. 도마 주일, 우리는 도마뿐 아니라 우리 모두를, 인류 전체를 떠올리게 됩니다. 행복을 가장한 모든 것, 진보라는 이름으로 인류가 만들어낸 고통과 분별없음과 두려움의 사막을 생각해보십시오. 그 어리석음이 달까지 닿았고, 모든 것을 뒤덮고, 자연을 집어삼켰습니다. "모든 피조물이 이제까지 함께 신음하며, 함께 해산의 고통을 겪고 있다"(로마 8:22)는 성서의 말은 이를 더없이 잘 표현해줍니다. 그러나 이 고통과 신음 속에서도 여전히 우리는 공포에 질린 채 "보지 못한다면 믿지 않겠다"며 오만하고, 분별없는 선언을 멈추지 않습니다. 하지만 그리스도께서는 도마에게 다가가 자비를 베푸시며 "네 손가락을 이리 내밀어서 내 손을 만져보고, 네 손을 내 옆구리에 넣어 보아라. 그래서 의심을 떨쳐버리고 믿음을 가져라"(요한 20:27)하고 말씀하십니다. 도마는 그 앞에 무릎을 꿇고 외칩니다.

나의 주님, 나의 하느님! (요한 20:28)

이 고백을 통해 '나는 너희들처럼 그렇게 잘 속지 않아! 나를 속일 수는 없어'라는 그의 교만, 자기 확신, 자기 만족은 끝장 났습니다. 그는 항복했고, 믿었고, 자신을 내어드렸습니다. 증거를 확인하고야 믿겠다는 태도를 버린 즉시 그는 자유를 얻었습니다. 행복과 기쁨을 경험했습니다.

　이 부활 절기에 우리는 부활하신 그리스도와 의심하는 도마를 동시에 마주합니다. 한편에는 기쁨과 행복이, 다른 한편에는 고통과 불신이 있습니다. 어느 편을 선택하시겠습니까? 어느 편으로 나아가시겠습니까? 둘 중 어느 쪽을 믿으시겠습니까? 인류의 역사를 통틀어 우리는 늘 절대 사그라지지 않는 부활의 빛, 그 기쁨의 유산을, 또 한편으로는 어둠에 싸인 고통과 불신, 의심의 유산을 물려받았습니다.

본질적으로 이제 우리는 확인할 수 있고, 만질 수 있고, 볼 수 있습니다. 이 기쁨이 우리 안에 있기 때문입니다. 그러나 고통 또한 있습니다. 무엇을 선택하시겠습니까? 무엇을 갈망하십니까? 무엇을 보고자 하나요? 아직 늦지 않았습니다. 의심 많은 도마가 마침내 "나의 주, 나의 하느님"이라고 외쳤다면, 우리 또한 입으로, 그뿐만 우리의 온 존재로 "나의 주, 나의 하느님"이라고 외칠 수 있습니다.

VIII

인간의 본성

그리스도교의 가르침에 대한 가장 흔한 비판은 인간의 타락 교리에 대한 비판입니다. 그리스도교의 반대자들은 이 가르침이 인간의 존엄성을 비하하고, 비관적인 태도로 인간을 바라본다고 비판합니다. 하지만 앞서 나눈 이야기들에 비추어보면, 이러한 주장으로 선동하기는 어려워질 것입니다. 앞서 현대 유물론의 창시자 중 한 사람인 포이어바흐를 인용하며 이야기를 시작했습니다. 그는 널리 알려진 말을 남겼습니다.

당신이 먹는 것이 곧 당신이다.

인간을 음식으로, 물질로 환원시키는 듯한 이 문장은 아이러니하게도 성서가 인간에 대해 말하는 바를 정확히 전해 줍니다. 포이어바흐 본인은 전혀 의도한 바가 아니었지만 말이지요. 성서는 인간이 일차적으로 배고픔과 갈증을 느끼는 존재라고, 세상의 물질을 자신의 생명으로 변모시키는 존재라고 가르칩니다. 그러나 인간성을 물질과 음식에 종속시킨 포이어바흐와는 달리 성서는 인간의 목적은 세계를 생명으로 변모시키는 것, 그렇게 세계를 만물의 시작이며 목적인 하느님과 친교를 나누는 수단으로 만드는 것이라고 이야기합니다.

하느님은 인간에게 선물(세계라는 선물, 음식이라는 선물, 생명이라는 선물)을 주시고 인간은 하느님께 감사와 찬미로 응답하고, 감사와 찬미로 이 세계를 가득 채우며 더 아름답게 이 세계를 변모시킵니다. 이러한 성서의 기본 가르침에 비추어 보면, 성서가 말하는 인간 타락의 상징이 왜 음식과 연결되는지 이해할 수 있습니다.

성서에 기록된 이 신화적인(그러니까 상징적인) 이야기에 따르면 하느님은 이 세계에 있는 모든 것을 먹도록 허락하셨습니다. 단 하나의 금단의 열매를 제외하고 모든 것을 허락하셨지요. 그러나 인간은 그 열매를 먹고야 말았습니다. 하느님을 믿고 그분께 복종하기를 거절한 것이지요. 이 동화 같은 이야기에는 무슨 의미가 있는 것일까요? 다른 모든 것과 달리 이 한 그루의 나무에 달린 열매는 인간에게 주어진 '선물'이 아니었습니다. 그 열매는 하느님의 축복을 받지 않았습니다. 이는 그 열매를 먹는 일이 하느님이 주신 생명을 얻는 활동이 아니라는 것, 음식을 먹는 활동이 생명을 얻는 수단이 아니라 그 자체가 목적이 된다는 것, 그저 그것을 소진해버리게 된다는 것, 인간이 음식에 종속되어 버린다는 것을 뜻합니다. 인간이 하느님으로부터 온 삶이나 하느님을 위한 삶이 아닌, 자기 자신을 위한 삶을 갈망하게 된 것입니다.

인간의 타락은 인간이 하느님을 위한, 하느님 안에서의 삶이 아니라 자기를 위한, 자기 안에서 머무는 삶을 갈망했다는 사실에서 기인합니다. 하느님은 이 세상과 친교를 나누시려 세상을 만드셨으나, 인간은 순전히 자신을 위해 존재하는 세상을 갈망했습니다. 하느님의 사랑을 통해 하느님께로 돌아가는 대신, 인간은 이 세상 그 자체를 목적으로 삼으며 이 세상을 사랑했습니다. 문제는 바로 이것입니다. 음식 그 자체에는 아무 목적이 없고, 그것이 생명으로 변모되어야만 제자리를 찾듯 세상 또한 그 자체로는 어떤 목적을 품고 있지 않습니다. 자기 자신을 목적으로 품음으로 하느님 앞에 자신을 투명하게 드러내지 않게 된 세계는 끝없는 소란이 이어지는, 모든 것이 그저 무의미하게 흐를 뿐인, 끝없이 스러지는, 마침내는 죽음으로 마치는, 그것이 끝없이 되풀이되는 순환고리일 뿐입니다.

이 세계에의 의존은 세계가 생명으로 변모됨으로 극복될 수 있습니다. 하느님은 인간을 이렇게 정의하시고 빚어내셨습니다. 생명이란 그 삶에 하느님을 소유하고 있다는 뜻입니다. 요한 복음서는 "창조된 것은 그에게서 생명을 얻었으니, 그 생명은 사람의 빛이었다"(요한 1:4)고 말합니다. 그러나 세계가 변모하지 않으면, 절대적 의미, 절대적 아름다움, 절대적 선과의 친교를 멈춘다면, 세상은 무의미해질 뿐 아니라, '죽음'에 이르고 맙니다. 어떤 것도 그 자체로 생명을 갖고 있지 않습니다. 모든 것은 쇠하며 사라집니다. 뿌리가 잘린 꽃도 물에서 잠깐의 생명을 유지할 수 있고, 방을 꾸미는 데 쓰이기도 하지만, 그것은 이미 생명을 잃고 죽어가고 있음을 우리는 익히 압니다.

인간은 자신에게 생명을 줄 것으로 여기고 금지된 열매를 먹었습니다. 그러나 하느님 없는, 하느님 밖에서의 생명이란 그저 죽음과 연합하는 것일 따름입니다. 우리가 생명을 유지하려면 이미 죽은 것을 먹어야 한다는 사실은 우연이 아닙니다. 우리는 살기 위해 먹습니다만 먹는 것이 이미 생명을 잃은 것이기 때문에 우리가 먹는 음식은 필연적으로 우리를 죽음에 이르게 하고 맙니다. 죽음에는 생명이 없으며, 있을 수도 없습니다.

  당신이 먹는 것이 곧 당신이다.

  그렇습니다. 인간은 죽음을 먹습니다. 죽은 동물, 죽은 식물, 썩어서 분해되는 것들을 먹습니다. 그리고 인간 자신도 죽습니다. 아마도 인간 타락의 심각성은 바로 이 사실에 있을 것입니다. 우리의 생명이 부패했고, 죽음으로 가득하며, 시작부터 타락해서 한계가 생겼으며, 끝내 죽음을 향해 흐른다는 것, 그 상태가 생명의 당연한 상태라는 사실 말입니다. 그리스도교를 비판하는 이들은 바로 이를 들어 그리스도교가 인간에 대해 비관적인 견해를 보이며 부정적인 관점을 갖고 있다고 말합니다. 그러나 그리스도께서는 이를 당연하게 여기지 않으셨습니다. 친구 라자로의 무덤에 그분이 가까이 다가가시자 사람들은 "가까이 가지 마십시오. 벌써 냄새가 납니다"(요한 11:39)라고 했지만, 그분은 이를 당연한 일로 받아들이지 않으셨습니다. 그분은 눈물을 흘리셨습니다.

나는 너희의 형언할 수 없는 영광의 형상이다.[1]

그럼에도 그들은 라자로를 치워버리고, 숨겨두어 그리스
도께서 그의 냄새를 맡지 못하게, 자신들의 일상을 뒤흔들지
못하게 합니다. 그러나 인간은 하느님을 닮은 하느님의 형
상, 영화로운 왕관을 쓴 피조물의 왕입니다. 이 세계의 끔찍
한 무의미, 우주라는 무덤에서 인류가 일으키는 끝없는 소
동, 죽어가는 이들, 이미 죽어버린 이들을 위해 무언가를 세
우려는 한심한 노력, 무엇보다 이 모든 것이 정상적이고 자
연스러운 일이라고 단언하는 시도를 두고 그리스도교는 타
락이라고 선언합니다. 타락이란 곧 인류를 향한 신성하고 영
원한 부름을 왜곡하는 모든 것입니다. 그리스도교는 이러한
세계관을 거부하며 단호하고도 분명하게 선언합니다.

맨 마지막으로 멸망 받을 원수는 죽음입니다. (1고린 15:26)

음식에 관한 이야기, 포이어바흐의 "당신이 먹는 것이 곧
당신이다"라는 말로 이 장을 시작했습니다. 동시에, 그리스

---

1 정교회 장례예식문에 나오는 구절.

도교는 인간에게 근원적인 배고픔이 있다는 사실을 인간 이해의 핵심에 놓는다는 것에 대해서도 살폈습니다. 이는 그리스도교 고유의 통찰은 아닙니다. 그러나 그리스도교는 이어지는 물음들에 대해 완전히 고유한 방식으로 다가갑니다. '인간이 궁극적으로 추구하는 것은 무엇인가? 이 근원적인 배고픔을 만족시킬 수 있는 것은 무엇인가? 인간이 갈망하는 바는 무엇인가?'와 같은 질문들 말이지요.

포이어바흐를 비롯한 유물론자들은 이렇게 답할 것입니다. '인간은 자유를 원한다. 인간은 번영을 원한다. 배부름을 원한다.' 그러나 이미 사형을 선고받은 사람에게 자유와 번영, 배부름이 무슨 소용입니까? 어째서 묘지에 별장을 지어야 합니까? 우리가 무엇을 추구하든 결국 막다른 길에 다다르게 되고, 블라디미르 솔로비요프의 말마따나 "죽음과 시간이 이 땅을 지배"할 뿐인데 말입니다.

이 질문에 대한 그리스도교의 답은 이렇습니다. 인간은 생명을 갈망합니다. 일시적인 생명이 아닌 영원한 생명, 우리가 성가에서 "쇠하여지지 않는 삶"이라 부르는 삶을 갈망합니다. 우리가 먹는 음식에서는 그 생명을 찾을 수 없습니다. 우리의 호흡은 그 생명을 갈망하고 추구할 가능성을 주지만, 공기에도 그 생명은 없습니다. 건강한 몸에서조차 영원한 생명을 찾을 수는 없습니다. 그 생명은 오직 생명 그 자체이신 분 안에, 하느님 안에, 그분을 아는 지식 안에, 그분과 나누는 교제 속에, 그분께 온전히 사로잡혀 그분을 사랑하고 찬미하는 중에만 있습니다. 이것이 바로 죽을 운명에 처한, 자신이 먹는 음식의 노예가 된 인간이 구원받아야 할 이유입니다. 이것이 구원, 죽음과 생명, 부활과 회복이라는 그리스도교의 근본 주제를 구성합니다.

IX
구원의 종교

그리스도교는 구원의 종교입니다. 그러나 무엇으로부터의 구원이며, 그 구원은 어떻게 이루어지는 것일까요? 안타깝게도, 그리스도교인들조차 이를 너무 단순하게 이해하거나, 알 수 없는 것으로 여기거나, 왜곡하는 경우가 많습니다. 이는 종교에 반대하는 이들이 구원 개념을 왜곡하고 단순화시킬 구실을 주지요. "그리스도교인은 구원이 필요한 나약하고 하찮은 자들이다. 그러나 우리에게는 구원이 필요치 않다. 우리는 스스로를 구원할 것이다." "우리의 권리는 우리의 위대한 투쟁으로 쟁취할 수 있다." 이런 것들에 우리는 '구원'이라는 단어를 덧붙입니다. 반종교주의자들 역시 이와 유사한 논리로 그리스도교를 모욕하고 구원이 뭐 별거냐는 식으로 응수합니다. 우리가 성서의 언어, 그리스도교의 언어에서 구원이 뜻하는 바를 이해해야 하는 근본적이고도 본질적인 이유도 여기에 있습니다. 하지만 이를 이해하기 위해서는 먼저 인간의 타락에 관해 앞서 나눈 이야기들을 기억해야 합니다. 구원은 어떤 불운이나, 사고, 질병, 또 다양한 고통에 처해 있을 때 도움을 받는 것이 아닙니다. 종종 그리스도교인들도 그리스도교를 무슨 보험처럼 여기고, 피상적인 도움을 얻고자 합니다. 이는 분명 구원에 대한 뒤틀리고 왜곡된 이해입니다. 그리스도께서 배신당하고 죽음을 맞이하시기 전날 밤, 제자들이 동산에 홀로 계신 그분을 외면했음을 기억하십시오. 그날 밤, 그분은 하실 수 있다면 잔을 옮겨달라고 기도하셨습니다. 복음서는 그리스도께서 "공포와 번민에 싸였다"(마르 14:33)고 전합니다. 애초에 그리스도교가 지상에서 일어나는 모든 악과 고통으로부터의 해방을 말하는 종교라면, 분명 완전히 실패한 종교일 것입니다. 하지만, 아닙니다. 그리스도교가 말하는 구원은 그런 것이 아닙니다.

오히려 앞서 이야기했던 근본적이고도 비극적인 변화, 인간의 생명과 여전히 관계를 맺고 있는 그것, 인간의 힘으로는 바로잡고 회복하는 게 불가능해져 버린 그 변화로부터의 구원을 말하는 것이지요. 저는 이 책에서 이 변화, 이 타락이 '죽음'이라고 말했습니다.

　죽음은 그저 삶의 끝에 있는 무엇일 뿐 아니라 삶 자체를 무의미한 낭비로, 쇠락이자 소멸로 만드는, 삶이 시작과 동시에 죽음을 향해 가게 하는 힘입니다. 죽음은 이 세상을 공동묘지로 만들며 인간이 서서히 무너져 내리도록, 시간에, 그리고 죽음 그 자체에 무기력하게 종속되도록 합니다. 이런 죽음으로부터의 구원을 추구하는 사람은 나약한 사람이 아니라 오히려 강한 사람입니다. 나약한 사람은 그저 상황을 조금 나아지게 만들어 주기를 바라며 도움을 구합니다. 그는 죽음과 타협한 다양한 이념들이 제공하는 평범하고 지루한 행복을 갈망하며, 잠시 살다 죽는 것에 만족합니다. 강한 사람은 이러한 이념들이 인간과 이 세상에 전혀 도움이 되지 않는다고 생각합니다. 그리고 이것이 구원을 필요로 하는 이들은 나약해 빠진 이들이라고 조롱하는 반대자들에 대한 그리스도교의 응답입니다. 구원은 그리스도교인들에게만 필요한 것이 아닙니다. 구원은 온 세계의 형상을 회복하고 우리 안에 있는 참된 생명을 회복하는 것입니다. 그렇기에 죽음으로 뒤덮인 이 땅에서 일어나는 의미 없는 소란들에 움츠러든 모든 존재에게는 구원이 필요합니다.

그리스도교는 구원을 생명의 회복으로, 인간이 자신이 피조물임을 알고 영원하며 사그라지지 않는 궁극적인 생명을 회복하는 것으로 이해합니다. 이는 인간의 구원에 대한 갈망과 하느님으로부터 구원을 받고자 하는 갈망을 드러냅니다. 그리고 이는 인간의 나약함의 표시가 아니라 참된 생명을 회복하고자 하는 열망을 포기하지 않는 강인함의 표시입니다. 하느님은 인간이 잃어버린 바로 그 생명, 자신을 세상과 시간, 죽음에 내어주신 생명 그 자체이십니다. 요한은 말합니다.

생명이 나타나셨습니다. (1요한 1:2)

하느님은 권력으로, 기적으로, 무력이나 공포, 위협으로 우리를 구원하지 않으셨습니다. 오히려 세상을 위해, 생명 그 자체를 위해 우리 가운데로, 이 세상에 오셨습니다. 신성한 아름다움, 지혜, 선으로, 이 세상과 인간의 아름다움으로, 그 자체로 변화의 가능성을 품고 있는 생명으로, 죽음을 변모시키고 소멸시킬 생명으로 오셨습니다. 이 생명은 철학 이론이나 단체의 기조 같은 것이 아니라 하나의 인격체로 나타났습니다. 그렇습니다. 그리스도교는 이 하나의 인격체에게, 한 사람에게, 특정한 장소, 특정한 시간에, 신성한 생명이 완전한 인간의 모습으로 나타나셨다고, 나자렛 예수 그리스도로 오셨다고 가르치고 선포합니다.

지식인이나 과학 전문가, 소위 "현대인"이라 부르는 사람들은 냉소하며 "말도 안 되는 소리!"라고 외칩니다. 하지만, 말이 안 되는 소리든 아니든 간에 이 형상, 이 사람, 이 생명은 지난 2천 년 동안 사람들의 마음과 삶에 비교 불가한 영향을 끼쳤습니다. 어떤 가르침도, 어떤 철학도 시간의 흐름을 비껴가지 못했습니다. 어떤 나라, 어떤 문화도 역사의 뒤안길로 사라져버리지 않은 것이 없습니다. 그러나 역사에 정말 기적이라는 것이 있었다면, 그런 것이 있다면, 단 한 줄의 기록도 남기지 않은 사람, 후대에 어떻게 남을지를 조금도 염려하지 않았던 한 사람, 치욕스러운 십자가에서 범죄자로 죽은 한 사람, 그를 믿는 이들 안에 여전히 살아있는, 참으로 살아있는 바로 그 사람에 대한 기억일 것입니다. 그는 자신을 두고 이렇게 말했습니다.

나는 길이요, 진리요, 생명이다. (요한 14:6)

오늘날 수백만의 사람들이 이 길을 걷고, 진리를 지키며,

이 생명으로 살아갑니다. 그렇기에 아무리 강력한 지배자도, 요람에서 무덤까지 인간의 모든 말과 생각, 심지어 호흡까지 조직하고 통제하려는 통치 체제도 이 믿음 앞에서는 무력합니다.

그리스도는 이 세계의 구세주이십니다. 이는 그리스도교의 가장 오래된 선언입니다. 그분은 죽음과 시간의 속박을 받지 않는 살아있는 생명의 가능성을 중심으로 우리와 이 세상을 구원하셨습니다. 우리의 구원은 바로 이 생명의 가능성에 있습니다. 오랜 시간 그리스도의 제자들을 박해했던 사도 바울이 그리스도를 받아들인 순간 "나에게는, 사는 것이 그리스도이시니, 죽는 것도 유익합니다" (필립 1:21)라고 말할 수 있었다면, 복음이 무언가 세상에 근본적인 변화를 불러온다고 말할 수도 있을 것입니다.

실상 사람들은 언제나 그랬듯 여전히 죽어갑니다. 세상은 계속해서 분열되고 있으며, 슬픔과 고통으로 가득합니다. 그러나 이러한 세상에 신앙의 빛이 비치었고 타오르고 있습니다. 이 믿음은 그저 어딘가에, 이 세계 너머 어딘가에 무언가가 있다는 믿음, 우리의 존재가 죽음 이후에도 계속 이어질 것이라는 믿음이 아닙니다. 이런 생각은 그리스도 이전에도 존재했습니다. 오히려 이 믿음은 이 세상이 그리고 삶이, 다시금 목적과 의미를 받았다는 믿음, 시간이 빛으로 가득해졌다는 믿음, 영원이 이미 지금 여기, 우리의 삶으로 들어왔다는 믿음입니다. 영원이란 하느님을 아는 것이며, 우리는 그리스도를 통해 이를 알게 되었습니다. 이제 더는 외로움도, 공포도, 어둠도 없습니다. 그리스도께서 "내가 너와 함께 있다"고, 지금으로부터 영원히, 완전한 사랑과 모든 지식과 권능으로 함께 하신다고 말씀하십니다. 영원은 그리스도께서 우리에게 주신 사랑의 계명입니다.

> 너희가 서로 사랑하면, 모든 사람이 그것으로써 너희가 내 제자인 줄을 알게 될 것이다. (요한 13:35)

이 영원의 이름은 "성령 안에서 누리는 평화와 기쁨"(로마 14:17)이며, 그리스도께서는 "그 기쁨을 너희에게서 빼앗을 사람이 없을 것"(요한 16:22)이라고 말씀하셨습니다. 구원이란 다름 아닌 이것입니다.

X

죽음으로 죽음을 짓밟기

오늘날 우리는 죽음을 부인하는 문화 속에 살고 있습니다. 평범한 집처럼 보이게 꾸며진 장례식장을 보면 확실히 알 수 있습니다. 그곳의 '장례지도사'는 누군가가 슬퍼하는 것을 눈치채지 못하도록 장례식 전반을 즐거운 경험으로 만들기 위해 노력합니다. 죽음이라는 불편한 진실을 감추기 위한 의심스러운 침묵이 존재하며, 죽은 이의 시신조차 마치 죽지 않은 듯 '치장'합니다. 그러나 과거에도, 그리고 삶을 긍정하는 현대에도 여전히 "죽음 중심"의 문화가 존재합니다. 이 문화에서 죽음은 모든 것의 결과이며, 삶 역시 죽음을 준비하는 과정입니다. 어떤 이들은 장례식장을 죽음이라는 생각을 차단하는 곳이라 생각하지만, 또 어떤 이들에게는 침대나 탁자와 같은 '일상 도구'조차 죽음을 떠올리게 하는 상징이 되기도 합니다. 침대에서 무덤을 떠올리고, 탁자 위에 관이 올려진 모습을 떠올리는 것입니다.

이러한 맥락 속에, 그리스도교는 어디에 있을까요? 물론 의심의 여지 없이 그리스도께서 죽음에 승리를 거두셨다는 선포는 '죽음의 문제'를 의식하고 있습니다. 하지만, 이 분명한 선포에도 불구하고 죽음을 마주하는 인간의 태도는 실제로 많이 변하지 않았습니다. 그리스도교는 죽음에 관한 세상의 태도에 '적응'했고, 이를 자신들의 것으로 받아들였습니다. 높은 빌딩과 세계 박람회를 그럴듯한 멋진 설교에 버무려 하느님께 드리는 것, 앞서서 주도하지는 않지만 '원자력 시대'라는 위대한 시대의 흐름, 진보적이고 삶을 긍정하는 흐름에 참여하는 것, 그리스도교가 이 분주하고 활동적인 삶을 지지하는 것처럼 보이게 하는 것은 어려운 일이 아닙니다. 장례식이나 피정에서 현실의 삶을 고통과 허무의 골짜기로, 죽음을 해방으로 표현하는 것 역시 쉬운 일입니다.

교회를 대변하는 사목자는 오늘날 이 두 언어와 태도를 모두 사용할 수 있고, 익숙해져야 합니다. 그러나 정직한 사목자라면 두 가지 모두에서 "무언가가 빠져있다"는 느낌, 그리스도교의 핵심이 빠져있다는 느낌을 받을 수밖에 없습니다. 모두가 그리스도교를 삶을 긍정하는 것으로, 그리스도의 죽음을, 더 나아가 죽음이라는 현실 자체를 지워버린 채 전달하고 있기 때문입니다. 이는 그리스도교가 죽음을 단순히 끝이 아니라 이 세상의 실재 그 자체로 본다는 사실을 왜곡하는 것입니다. 단순히 사람들을 '편하게' 하기 위해, 죽음을 받아들이게 하기 위해 이 세상을 각 사람이 죽음을 준비하는 의미 없는 곳으로 만들어버리는 것 역시 그리스도교를 왜곡하는 것입니다. 그리스도교는 그리스도께서 이 세상에 "영원한 쉼"을 주기 위해 죽으신 것이 아니라, 생명을 주기 위해 죽으셨다고 선포하기 때문입니다. 이런 '왜곡'은 그리스도'교'의 거대한 성공을 완전한 비극으로 만들어버립니다.

공식 자료에 따르면, 오늘날 교회 건물과 1인당 기부금의 규모는 사상 최대라고 합니다. 사람들은 사목자가 낙관적이고 진보적인 세상에 관한 자신의 믿음을 지지해주기를 바랍니다. 종교를 가진 사람들은 허영과 허무로 가득 찬 세상을 진지하고 위엄있게 질책하는 것이 자신의 임무라고 생각합니다. 세상은 종교를 원하지 않고, 종교는 그리스도교를 원하지 않습니다. 종교를 원하지 않는 것은 죽음을 거부하기 때문이고, 그리스도교를 원하지 않는 것은 삶을 거부하기 때문입니다. 그렇기에 삶을 긍정하는 세속인, 이를 반대하는 극단적 종교인 모두에게 그리스도교는 불편함을 일으킵니다.

그리스도교인들이 그리스도교를 현실에서 유익을 주는 종교로 이해하는 한, '구식 종교'의 특징인 '실용적인' 것을 주는 종교로 이해하는 한 이런 불편함은 계속될 것입니다. 유익을 주는 것, 특히 죽음에 관한 이해에 도움을 주는 것이 종교의 기능이었던 것은 맞습니다. 그렇기에 종교는 언제나 죽음을 설명하고자 했고, 인간이 죽음을 받아들이게 했습니다. 플라톤은 『파이돈』에서 죽음을 갈망할만한 것, 심지어 좋은 것으로 만들려고 노력했습니다. 그의 사상은 인류 역사를 관통해 이 변화와 고통의 세상에서 해방될 것이라는 기대를 품은 이들에게 영향을 미치고 있습니다. 인간은 하느님이 죽음을 만드셨으니 그 또한 옳다는 합리화, 죽음도 삶의 영역이라는 합리화를 통해 자신을 위로해왔습니다. 죽음에서 다양한 의미를 찾아냈고, 늙음보다는 죽음이 낫다고 확신하기도 했습니다. 인간은 사람이 죽으면 적어도 그의 일부는 살아남는다는 영혼 불멸 교리를 만들어냈습니다. 이 모든 것이 죽음에 관한 경험의 이해할 수 없는 독특함을 제거하기 위한 시도였습니다.

그리스도교 역시 종교이기에, 종교가 가진 근본적 기능인 죽음에 관한 정당화 작업과 사람들에게 유익이 되는 일을 시도해야만 했습니다. 이 과정에서 모든 종교가 가지고 있던 죽음에 관한 고전적 설명을 흡수하기도 했습니다. 영적인 것과 물질적인 것 사이의 대립에 기초한 영혼 불멸 교리나 죽음을 해방으로 보는 것, 혹은 처벌로 보는 것은 그리스도교의 참된 교리는 아닙니다. 이를 그리스도교 세계관 속으로 통합하는 과정에서 그리스도교 신학과 믿음은 망가져 버렸습니다. 그리고 이런 통합은 죽음 중심의 '종교적인' 세상일 때는 괜찮았지만, 세상이 이 관점에서 벗어나 '세속화'되면서 그 힘을 잃었습니다. 세상이 세속화된 이유는 "비종교적"이어서, "유물론적"이어서, "피상적"이라서가 아닙니다. 많은 그리스도교인이 생각하는 것처럼 "종교를 잃어버려서" 그런 것도 아닙니다. 이전의 낡은 설명이 제대로 된 설명을 해주지 못하기 때문입니다. 그리스도교인들은 그리스도교가 낡은 종교로부터의 해방에 중추적 역할을 해왔다는 것을 깨닫지 못하곤 합니다. 삶의 충만함을 말하는 그리스도교는 그 무엇보다도 종교의 공포와 비관주의로부터 인류가 벗어나는 데 기여했습니다. 이런 의미에서 세속주의는 그리스도교 세계에서 일어난 현상, 그리스도교 없이는 불가능한 현상입니다. 세속주의는 그리스도교가 자신을 '구식 종교'로 정의하고, 자신들이 철폐한 삶과 죽음에 관한 종교의 '교리'와 '설명'을 다시 세상에 강요하기 때문에 그리스도교를 거부합니다.

그러니 세속주의를 단순히 "종교의 부재"로 생각하는 것은 커다란 잘못입니다. 세속주의는 그 자체로 하나의 종교이며, 죽음을 설명하고 받아들이게 하는 체제입니다. 세속주의는 그 누구도 알지 못하는 '다른 세상'에 질려버린 이들, 경험해보지 못한 세상에서의 '생존'에 질려버린 이들, 다시 말해 죽음의 관점으로 삶의 가치를 찾는 시도에 질려버린 이들의 종교입니다. 세속주의는 삶의 관점으로 죽음을 '설명'한 것입니다. 세속주의자는 세상은 지금 우리가 사는 바로 이 세상뿐이며, 우리에게 주어진 삶 역시 마찬가지이기 때문에 이 삶을 풍성하게, 행복하게, 의미 있게 만들어야 한다고 생각합니다. 삶은 죽음으로 끝이 나는 것이며, 이것이 썩 즐거운 일은 아니지만 자연스러운 일이며, 모두에게 보편적인 일이기에 인간은 죽음을 자연스러운 것으로 받아들이는 것이 최선이라고 봅니다. 그렇기에 살아가는 동안에는 이를 생각할 이유가 없고, 죽음이 존재하지 않는 것처럼 살아야 한다고 생각합니다. 이들에게 죽음을 잊는 가장 좋은 방법은 바쁘게

사는 것, 유용한 일을 하는 것, 고귀하고 위대한 일에 헌신하는 것, 더 나은 세상을 만들어가는 것입니다. 신이 존재한다면, (많은 유명한 세속주의자들은 신의 존재, 그리고 그들의 사적, 공적 일에 관한 종교의 유용함을 굳게 믿었습니다) 신이 자비와 사랑으로 (인간은 모두 부족하기 때문에) 우리의 바쁨과 유용성, 올바른 삶을 전통적으로 '불멸'이라고 불렸던 영원한 쉼으로 보상해 준다면, 그것이 신이 우리에게 줄 수 있는 최고의 자비라 생각합니다. 이때 불멸은 설령 영원을 담고 있다 해도, 이 삶의 모든 실재, 우리가 삶에서 발견할 수 있는 참된 가치의 부가물일 뿐입니다. 이러한 맥락에서 미국의 '장례식장'은 세속주의자의 종교적 상징 그 자체라 할 수 있습니다. 다른 집들과 별반 다르지 않은 모습인 그곳에서는 죽음을 그저 자연스러운 일로 묵묵히 받아들이고, 삶에 존재하는 죽음을 부인하게 만들기 때문입니다.

　세속주의는 나름의 믿음과 종말론, 그리고 윤리를 가지고 있기에 종교라고 할 수 있습니다. 그리고 실제로 이것들은 작동하며, 유익이 됩니다. 솔직히 '유용함'을 기준으로 보면, 삶을 중심에 두는 세속주의가 다른 어떤 종교보다 도움이 된다는 것을 부정할 수 없습니다. 종교가 세속주의와 경쟁하려면 자신을 "유익한 삶", "상담", "풍성한 삶"을 위한 것으로, 지하철이나 버스에 붙은 "가장 가까이 있는 은행", "편하게 상담 받으세요", "일단 해보세요. 분명 좋아집니다!"와 같은 광고처럼 보여줘야 합니다. 세속주의라는 종교의 성공은 실로 대단해서, 많은 그리스도교 신학자가 '초월'이라는 개념을 포기하게, 더 단순하게 말해서 하느님 개념을 포기하게 만들었습니다. 20세기 영지주의자인 현대인들에게 그리스도교를 이해시키고 받아들이게 하기 위해 치른 대가입니다.

문제의 핵심은 바로 여기에 있습니다. '유익'은 그리스도교의 판단 기준이 아닙니다. 그리스도교의 기준은 진리입니다. 그리스도교의 목적은 사람들이 죽음을 받아들이게 돕는 것이 아니라, 삶과 죽음에 관한 진리를 드러내, 그 진리를 통해 구원받도록 하는 데 있습니다. 구원은 도움이 아니라 오히려 그 반대입니다. 그리스도교는 종교와 세속주의가 별다른 유익을 주지 않기 때문에 이를 반대하는 것이 아닙니다. 오히려 "충분한" 도움을 주어 사람들의 필요를 '만족'시키기 때문에 부딪히는 것입니다. 그리스도교의 목적이 사람들에게 죽음에 대한 두려움을 없애는 것, 인간이 죽음과 화해하도록 하는 것이라면 그리스도교는 쓸모없는 종교일 것입니다. 다른 종교가 이미 그 역할을 했고, 실제로 그리스도교보다 더 잘하기 때문입니다. 게다가 세속주의는 의미 있는 무엇인가를 하기 위해 기꺼이 죽음까지 감내하는 이들을 만들어내기도 했습니다.

그리스도교는 죽음과 화해하지 않습니다. 그리스도교는 죽음을 드러냅니다. 그것은 생명을 드러내는 것과 같기 때문입니다. 그리스도가 바로 그 생명입니다. 오직 그리스도만이 생명이시기에 그리스도교는 죽음을 설명해야 할 '신비'가 아닌, 멸망 당할 원수로 선포합니다. 종교와 세속주의는 죽음을 설명하며 죽음에 어떤 '상태'를 부여하고, 이를 '정상적인' 것으로 만듭니다. 그리스도교만 이를 비정상적이며 끔찍한 것이라고 선언합니다. 라자로의 무덤에서 눈물을 흘리셨을 때, 또 자신의 죽음을 예감하셨을 때, 그분은 "매우 놀라며 괴로워하셨"습니다. 그리스도의 빛으로 본다면, 이 세상과 인류의 삶은 얕은 '도움'을 필요로 하는 상태가 아니라 그 이상의 무언가를 필요로 하는, 뭔가 잃어버린 상태입니다. 죽음에 대한 두려움이 있기 때문이 아니라, 죽음을 당연한 것으로 받아들였기 때문입니다. 하느님의 창조 세계를 없어져야 할 것으로, '영원한 쉼'을 주는 '다른 세상'으로 대체해야 할 거대한 공동묘지로 받아들이는 것, 이를 종교라고 부르는 것, 이 묘지에 살면서 매일 수천 개의 시신을 '처리'하며, '정의로운 사회'에 열광하며 행복해하는 것이야말로 인간이 타락했다는 표시입니다. 비도덕과 범죄가 인간의 타락을 드러내는 것이 아닙니다. 인간의 '긍정적인 이상', 종교적이거나 세속적인 긍정적 이상과 이 이상에 만족해버리는 행태가 인간의 타락을 보여줍니다.

이 타락은 오직 그리스도를 통해서만 드러납니다. 오직 그리스도만이 삶의 충만함을 드러내십니다. 이를 통해 죽음은 "끔찍한 것", 타락한 생명, 원수가 됩니다. 바로 이 세상, 다른 세상이 아닌 이 세상, 그리고 다른 삶이 아닌 바로 이 삶이 우리에게 주어진 하느님과의 친교를 통해 그분의 현존을 경험할 수 있는 성사로서 주어진 삶이며, 인간이 본래 창조된 모습으로 하느님과의 친교를 나누기 위해 필요한 "변화"는 오직 이 세상, 이 삶을 통해서만 가능합니다. 죽음은 존재의 "끝"이나 실질적인 파괴이기 때문에 공포스러운 것이 아닙니다. 세상과 삶으로부터의 분리, 하느님으로부터의 분리가 죽음을 공포의 대상으로 만듭니다. 죽은 이들은 하느님을 영화롭게 할 수 없습니다. 다시 말해, 그리스도께서 참 생명을 우리에게 보여주실 때, 우리는 죽음을 하느님의 원수라 말하는 그리스도교의 메시지를 들을 수 있게 됩니다. 죽음에 대한 승리는 참 생명이신 분께서 친구의 무덤에서 눈물을 흘리셨을 때, 죽음의 공포를 깊이 응시하실 때 시작됩니다.

죽음 앞에는 '죽어감'의 과정이 있습니다. 우리의 죽음은 육체적 쇠약과 질병으로 자라납니다. 이것이 세상의 관점, 특정 '종교'의 관점으로 그리스도교를 규정할 수 없는 이유입니다. 현대 세속 사회에서는 건강한 인간을 일반적인 상태로 봅니다. 그렇기에 질병을 싸워야 하는 것으로 보며, 실제로 병과 굉장히 잘 싸우고 있습니다. 병원과 의학은 최고의 성취입니다. 하지만 건강한 상태는 한계가 있는데, 그 한계가 바로 죽음입니다. "과학적 자원"이 모두 소진되는 때가 오면, 현대 사회는 매우 손쉽게 죽음을 받아들입니다. 환자가 죽음에 굴복하면, 환자는 병동에서 치워집니다. 이 과정은 조용히, 적절히, 위생적으로, 항상 해오던 방식으로 이루어지지요. 살아있는 한 그의 삶을 유지하기 위해 모든 것을 동원합니다. 심지어 희망이 없어 보이는 상황에서도, 희망이 없다는 것을 환자에게 숨겨야만 합니다. 죽음은 결코 삶의 일부가 되어서는 안 됩니다. 모든 사람이 병원에서 죽을 것임을 알지만, 그들은 일반적으로 낙관적 기조를 유지합니다. 현대 의학이 관심을 두는 것은 지금 살아있는 생명이지, 사라져버릴 생명이 아닙니다.

종교적 관점은 건강이 아니라 질병 상태를 일반적인 상태로 봅니다. 영원하지 않고 변화무쌍한 세상에서 고통과 질병, 슬픔은 삶의 기본 조건으로 여겨집니다. 병원과 의료적 지원은 당연히 제공되어야 하지만, 이는 종교적 의무에 의한 것이지 건강 그 자체에 대한 관심 때문은 아닙니다. 종교인들은 건강함과 치유를 하느님의 자비로 여겼고, 실제로 일어나는 치유는 "기적적인 것"으로 보았습니다. 그리고 하느님이 이런 기적을 일으키시는 이유는 건강한 상태가 선하기 때문이 아니라, 하느님이 자기 권능을 '증명'하시어 인간을 다시 하느님께 돌아오도록 하기 위함이라 보았습니다.

두 접근이 추구하는 결과는 양립할 수 없습니다. 그리스도교인들이 이 두 가지를 모두 타당하고 옳은 것이라고 받아들이고 있다는 사실은 오늘날 그리스도교인들이 이 문제에 관하여 혼란을 겪고 있음을 잘 보여줍니다. 오늘날 그리스도교에서는 세속 병원에 원목을 배치하거나 그리스도교 계열 병원에는 가능한 현대적이고 과학적인, 이른바 "세속적인" 방법을 취하는 것으로 죽어감의 문제를 해결합니다. 앞서 언급한 이유들로 인해, 대체로 종교는 세속에 굴복하고 있습니다. 현대의 사목자들은 의사들의 "보조" 역할을 자처할 뿐 아니라 그들 나름 "치료사"로 기능하고자 합니다. 신학교의 홍보 책자를 잔뜩 채우고 있는 온갖 종류의 사목 치료, 병원 심방 및 돌봄 기술은 이를 잘 보여줍니다. 그러나 이것이 정말 그리스도교적 접근일까요? 우리는 과거의 '종교적' 접근법으로 돌아가야 하는 것일까요? 그렇지 않습니다. 종교적 접근은 그리스도교적 접근이 아니며, "돌아가야" 할 접근도 아닙니다. 우리는 인간 삶의 고통과 질병에 관한 현대적이면서도 변하지 않는 성사적 비전, 그리스도교인들이 잊거나 오해하기도 했지만, 언제나 교회가 가졌던 그 비전을 발견해야 합니다.

치유는 교회의 성사입니다. 그러나 교회가 성사와 성사에 관한 교리의 오해, 그러한 과정 가운데 그리스도교가 '종교'가 되어버린 결과 병자성사는 죽음의 성사, "마지막 순간의 예식", 영원으로 가는 길을 열어주는 성사가 되어버렸습니다. 오늘날에는 치유에 관한 관심이 그리스도교인들 사이에서 커지면서, 이 성사를 건강을 위한, 세속 의학의 '보완' 정도로 보는 위험한 관점도 생겼습니다. 그러나 두 관점 모두 잘못되었습니다. 둘 다 기름을 바르는 행위의 성사적 본질을 놓치고 있기 때문입니다.

성사는 이동이며 변모입니다. "초자연적인 것"으로의 "이동"이 아니라, 이 땅에 임할 하느님 나라로의 이동, 그리스도께서 구원하고 회복시키신 이 세상과 그 삶의 실재로의 이동입니다. "자연"이 "초자연"으로 변하는 것이 아니라, 옛것이 새롭게 되는 것입니다. 그렇기에 성사는 하느님께서 "자연법칙"을 깨고 일으키시는 "기적"이 아니라, 세상과 삶, 인간과 자연에 관한 궁극적 진리, 바로 진리이신 그리스도를 나타내는 것입니다.

치유가 성사인 이유는 그 목적이 육체의 건강을 회복하고자 하는 것이 아니라, 성령께서 주시는 "기쁨과 평화", 하느님 나라에서의 삶으로 들어가는 것이기 때문입니다. 그리스도 안에서는 세상의 모든 것, 건강, 질병, 기쁨, 고통을 포함한 모든 것이 새로운 삶으로의 시작으로 들어 올려집니다. 새로운 삶에 대한 기대로 충만합니다.

이 세상에서 고통과 질병은 '정상'이지만, 이 '정상성' 자체가 사실 비정상입니다. 고통과 질병은 인간과 삶의 완전하고 확실한 패배, 어떤 의학적 성취도, 놀라운 기적도 궁극적으로는 넘어설 수 없는 패배를 드러냅니다. 그리스도께서는 고통을 "제거"하시는 것이 아니라 고통에 승리를 거두십니다. 패배 그 자체가 승리가 되고, 하느님 나라로 가는 시작이 됩니다. 이것이야말로 참된 치유입니다.

침대에 누워 고통을 겪는 이가 있습니다. 교회는 그에게 치유의 성사를 행합니다. 세상의 모든 사람과 마찬가지로,

이 사람에게 고통은 패배일 수 있습니다. 어둠과 절망, 고독에 완전히 굴복하는 것일 수 있습니다. 말 그대로 '죽어가는 것'일 수 있습니다. 그러나 이는 또한 인간과 그 인간에게 참생명의 승리가 될 수 있습니다. 교회는 의학적으로 가망이 없는 상태를 대체하여 이 사람에게 건강을 회복시켜주기 위해 온 것이 아닙니다. 교회는 그를 사랑과 빛, 그리스도의 생명으로 인도하기 위해 왔습니다. 그것이 그를 고통에서 '편안'하게 해주지는 않습니다. '도움'이 되는 것도 아닙니다. 교회는 그를 '순교자'로, 그리스도께서 고난으로부터 승리하심을 증언하는 '증인'으로 세우기 위해 온 것입니다. 순교자는 "하늘이 열려 있고, 하느님의 오른쪽에 인자가 서 계신 것"(사도 7:56)을 보는 사람입니다. 순교자는 하느님을 이 끔찍한 고통을 멈춰줄 또 다른, 어쩌면 마지막 기회로 보는 사람이 아닙니다. 순교자는 하느님은 생명 그 자체이시기에, 그의 모든 삶이 하느님께로, 충만한 사랑으로 들어 올려지는 것을 봅니다.

이 세상에는 시련이 반드시 있습니다. 다른 세상이라는 보상을 약속하는 종교적 믿음, 혹은 자기 생각으로 고통을 축소할 수는 있지만, 사라지게 할 수는 없습니다. 그 상태는 끔찍하게도 '정상적인' 것입니다. 그러나 그리스도께서는

"용기를 내어라. 내가 세상을 이겼다"(요한 16:33)고 말씀하십니다. 그가 겪은 고통으로 인해 모든 고통이 의미를 가지게 되었고, 고통 자체가 승리의 표징이자 성사, 선포이며 "약속"이 되는 힘을 받았습니다. 인간의 패배가, 죽어가는 그 순간이 참 생명에 이르는 길이 된 것입니다.

이 승리의 시작은 그리스도의 죽음입니다. 이 영원한 복음은 이 세상뿐만 아니라 이 세상 종교의 관점에서도 "미련한 것"입니다.

그리스도의 십자가가 헛되이 되지 않게 하시려는 것입니다.

(1고린 1:17)

죽음에 관한 그리스도교의 전례는 사람이 벗어날 수 없는 죽음을 맞이하여 교회에 안치된 시신 주변에 우리가 둘러섰을 때, 살아있는 이들의 세상에서 예를 갖춰 슬프지만 어쩔 수 없이 죽은 이를 떠나보내려 할 때 시작하는 것이 아닙니다. 매 주일, 우리가 교회로 모여 "세상의 모든 염려를 뒤로하고" 하늘을 향할 때, 예배하는 매일, 특별히 부활의 기쁨으로부터 시작합니다. 어떤 의미에서, 교회가 하는 모든 것은 죽음의 성사입니다. 모든 것이 그리스도의 죽음을 선언하고, 그의 부활을 고백하기 때문입니다. 그러나 그리스도교는 죽음-중심적인 종교가 아닙니다. 죽음으로부터 구원을 "목적"으로 하는 교리가 아름다운 예식으로 꾸며진, 그리고 이를 믿어 어떤 "유익"을 얻고자 하는 "신비스러운 종교집단"이 아닙니다.

그리스도인이 된다는 것, 그리스도를 믿는다는 것은 이성을 넘어서는 동시에 그리스도께서 모든 생명의 생명이 되시기에 그분은 생명 그 자체이시고, 곧 나의 생명이 되신다는, 우리가 신앙이라고 부르는 것을 절대적으로 확신하는 것입니다.

> 그에게서 생명을 얻었으니, 그 생명은 사람의 빛이었다.
>
> (요한 1:4)

그리스도교의 모든 교리, 성육신, 구원, 속죄와 같은 교리는 우리 신앙의 설명이자 결과이지 신앙의 "근거"가 아닙니다. 이것들은 그리스도를 믿어야만 "타당한", "일관된" 것이 됩니다. 그리고 신앙은 그리스도에 관한 명제를 받아들이는 것이 아니라, 그리스도께서 참 생명이시며 생명의 빛이심을 받아들이는 것입니다. 그렇기에 성서는 말합니다.

생명이 나타나셨습니다. 우리는 그것을 보았습니다. 그래
서 우리는 이 영원한 생명을 여러분에게 증언하고 선포합니
다. 이 영원한 생명은 아버지와 함께 계셨는데, 우리에게 나
타나셨습니다. (1요한 1:2)

이런 의미에서 그리스도교 신앙은 "종교적 믿음"과는 다
릅니다. 그리스도교의 시작점은 "믿음"이 아니라 사랑입니
다. 믿음은 그 자체로 부분적이며 완전하지 않습니다. 파편
화되어 있으며, 깨어지기도 쉽습니다.

우리는 부분적으로 알고, 부분적으로 예언합니다. … 예언
도 사라지고, 방언도 그치고, 지식도 사라집니다. … 그 가
운데서 으뜸은 사랑입니다. (1고린 13장)

누군가를 사랑한다는 것이 나의 삶에 그가 있고, 그가 내
삶을 "구성"하는 것이라면, 그리스도를 사랑한다는 것은 그
를 알고 그를 내 삶의 참 생명으로 모신다는 것입니다.

그리스도를 참 생명으로 모시는 것만이, 그분과의 친교를
통해 얻는 "기쁨과 평화", 그분의 현존에 대한 확신만이 그리
스도의 죽음과 부활에 대한 증언에 의미를 줍니다. 이 세상

에서 그리스도의 부활은 절대 "객관적 사실"일 수 없습니다. 부활하신 주님은 마리아에게 나타나셨지만, 마리아는 "예수께서 서 계신 것을 보았지만, 그가 예수이신 줄은 알지 못하였"습니다(요한 20:14). 그분이 티베리아(디베랴) 바닷가 해변에 서 계셨을 때도 "제자들은 그가 예수이신 줄을 알지 못하였"습니다(요한 21:4). 예수께서는 엠마오로 가던 제자들에게도 나타나셨지만 "그들은 눈이 가려져서 예수를 알아보지 못하였"습니다(루가 24:16). 이 세상은 여전히 부활을 미련한 것으로 여깁니다. 심지어 그리스도교인조차 부활을 영혼 불멸이나 사후 생존과 같은 그리스도교 이전의 교리들로 축소해 어떤 식으로든 "설명"하려 합니다. 부활의 교리가 단지 "교리"일 뿐이라면, "미래"에 일어날 사건이자 "다른 세상"의 신비로 믿어야 하는 것이라면, 이는 "다른 세상"을 제시하는 다른 종교의 교리들과 다를 바가 없으며, 쉽게 그것들과 혼동될 수 있습니다. 영혼 불멸이든 몸의 부활이든 우리는 아는 것이 전혀 없고, 우리가 나눈 모든 이야기는 그저 "추측"일 뿐입니다. 여전히 죽음은 알 수 없는 미래로 향하는 알 수 없는 길입니다. 부활하신 주님을 만난 제자들이 경험한 넘치는 기쁨, 엠마오로 가는 제자들이 그곳에서 느낀 "마음이 뜨거워지는" 경험은 미지의 "다른 세상" 때문이 아닙니다. 예수께서는 제자들을 보내시며 죽은 이들의 부활이 아닌, 회개와 죄의 용서, 새로운 삶과 하느님 나라를 선포하라고 하셨습니다. 제자들은 그들이 알고 있었던 것, 즉 그리스도 안에서 이미 새로운 삶이 시작되었고, 그분이 영원한 생명이시며 세상을 온전하게 하시고, 부활하시어 이 세상의 기쁨이 되심을 선포했습니다.

교회는 부활하신 그리스도의 삶으로 들어가는 문입니다. 영원하신 생명과의 친교를 나누는 공동체이며, "성령 안에서의 기쁨과 평화", 그리고 영원히 쇠하지 않는 하느님 나라를 고대하는 공동체입니다. "다른 세상"이 아니라, 모든 것과 모든 생명이 그리스도 안에서 성취될 것이라는 기대를 품는 곳입니다. 그분 안에서는 죽음조차 생명의 움직임이 되었습니다. 죽음을 사랑과 빛으로 채우셨기 때문입니다. 그분 안에 있을 때, "모든 것이 다 여러분의 것입니다. … 세상이나, 삶이나, 죽음이나, 현재 것이나, 장래 것이나, 모든 것이 다 여러분의 것입니다. 그리고 여러분은 그리스도의 것이요, 그리스도는 하느님의 것입니다"(1고린 3:21~23)라고 성서는 말합니다. 우리가 이 새로운 삶을 우리 것으로, 하느님 나라를 향한 갈망, 그리스도를 향한 기대를 우리의 것으로 삼는다면, 그리스도야말로 생명이라는 확신을 우리의 것으로 품는다면,

우리의 죽음은 참 생명이신 분과의 친교 활동이 됩니다. 삶도 죽음도 그리스도의 사랑에서 우리를 갈라놓을 수 없습니다. 이것이 언제 어떻게 실현되는지를 알 수는 없습니다. 언제 모든 것이 그리스도 안에서 하나가 될 것인지도 알 수 없습니다. "언제" "어떻게"는 우리가 알 수 없습니다. 그러나 그리스도께서 이 위대한 일을 행하신다는 것, 세상의 부활은 이미 시작되었다는 것, 그리고 "도래할 나라"의 빛이 성령의 기쁨과 평안 가운데 우리에게 온다는 것은 알고 있습니다. 부활하신 그리스도께서 생명으로 다스리고 계시기 때문입니다.

　마지막으로, 그리스도 안에 잠든 형제자매가 이 "여정"을 시작한 것을 축하하며 사도 바울의 선포로 이야기를 마치도록 하겠습니다.

> 주님께서 호령과 천사장의 소리와 하나님의 나팔 소리와 함께 친히 하늘로부터 내려오실 것이니, 그리스도 안에서 죽은 사람들이 먼저 일어나고, 그다음에 살아남아 있는 우리가 그들과 함께 구름 속으로 이끌려 올라가서, 공중에서 주님을 영접할 것입니다. 이리하여 우리가 항상 주님과 함께 있을 것입니다. (1데살 4:16~17)

부록

유토피아와 도피 사이에서

오늘 제가 이야기하는 주제는 논란의 여지가 있습니다. 저는 이를 모르지 않으며 오늘 제가 하는 이야기가 모든 세부 사항에서 옳지는 않을 수도 있습니다. 그러나 우리는 우리 시대의 표면이 아닌, 그 아래 무엇이 흐르고 있는지를 이해하려 노력해야 합니다. 우리 시대의 많은 예언자는 바로 이를 설명해주고 있지요. 우리는 세계사의 매우 흥미로운 지점에 있습니다. 새로운 사상이 옛 사상을 대체했습니다. 하지만 그러한 변화가 진정 가치 있는지 아닌지는 알 수 없습니다. 그 때문에 우리는 모두 같은 불안을 느끼며 살아가지요. 눈에 보이는 표면 아래로, 더 깊이 내려가면 저는 일종의 양극화가 일어나고 있다고 생각합니다. 한쪽에는 유토피아가 있고, 다른 한쪽에는 도피가 있지요. 이러한 양극화 현상은 개인뿐만 아니라 전체 문화, 사회에서 일어나고 있습니다. 이러한 현상은 분석할 만한 가치가 충분하다고 생각하며 여기서는 이 양극화의 의미, 그리고 유토피아주의, 도피주의의 의미를 간단히 설명해보도록 하겠습니다.

모든 언어는 상징적입니다. 그러므로 유토피아, 도피라는 말 역시 어떠한 상징적 틀 안에서 쓰이는지를 살펴보아야 합니다. 유토피아주의와 도피주의는 삶과 사회, 문화에 대한 태도를 가리킵니다. 물론 과거에도 이러한 태도들은 있었습니다. 어떤 사회, 어떤 문화에도 유토피아주의자들과 도피주의자들은 있었습니다. 특정 전망, 관점에 집착하고, 여기에 광적으로 몰입함으로써 자기 자신을 주류 문화로부터 단절시키는 이들은 늘 있었으며 모든 사회와 문화에는 '이탈자'들, 다양한 이유로 사회와 문화의 압력에서 벗어나려 하는 이들도 있었지요. 현대에 이르러 새로워진 모습은 유토피아주의, 도피주의가 더는 주변부에서 일어나는 현상이 아니게 되었다는 것입니다. 유토피아주의와 도피주의는 이 사회의 주류, 주요 사상, 우리 사회를 움직이는 원동력입니다. 물론 이는 모든 주유소 종업원이 유토피아주의자거나 도피주의자라는 뜻이 아닙니다. 현대 문화를 움직이는 두 정체성이 유토피아주의와 도피주의라는 이야기지요. 그렇다면 유토피아주의란 무엇일까요?

우선 유토피아주의는 미래에 대한 일종의 거대한 투사를 뜻합니다. 유토피아주의는 역사, 그리고 인간이 완전과 성취, 탁월함을 향해 나아간다고, 현재 어떠한 위험과 결핍이 있다 하더라도 승리는 임박해 있으며 결국에는 극복할 것이라고 이야기합니다. 이러한 유토피아주의는 정치적으로 매력적인 사상입니다. 마르크스주의만 보아도 알 수 있지요(마르크스주의가 여전히 위력을 발휘하고 있다는 것은 그 자체로 놀라운 일이며 어떤 면에서는 아이러니한 일이기까지 합니다. 전체적으로 보았을 때, 그리고 그 세부적인 논의조차 마르크스주의는 자신이 옳다는 것을 증명하지 못했기 때문이지요. 그런데 어떻게 해서 이 사상은 그 힘을 유지하고 있는 것일까요? 어떤 이들은 마르크스주의 역사관을 버리는 것을 일종의 십자가형으로 여기는 것 같습니다). 그러나 비단 마르크스주의를 따르지 않는 미국 사회 정치문화에서도 유토피아주의는 손쉽게 발견됩니다. 4년마다 대통령 선거를 치를 때 후보자들은 으레 위대한 사회의 전망을 제시하고, 그 사회를 개척하는 사람으로 본인을 그리곤 합니다. 결단력 있는 지도자, 위대한 사회, 역사의 정점과 같은 그림에는 모두 우리가 이를 이루어낼 수 있다는 믿음이 들어 있습니다. 하지만 세계의 역사는 이러한 그림을 지지하지 않지요. 역사에서 무수한 '나폴레옹'들은 모두 실패했으며 그들의 꿈은 세인트헬레나 섬에서 사라졌습니다. 그러나 오늘날 이러한 믿음은 온 사회, 온 문화 곳곳에 스며들어있지요. 어떠한 정치인도 "우리는 우리가 가난하며, 한계가 있고, 실패를 저지르기 쉬운 존재임을 알고 있습니다. 우리는 어둠 가운데 살고 있습니다. 정치인으로서 저는 최선을 다할 것입니다. 하지만 많은 것을 할 수는 없습니다"라고 말하지는 않습니다. 그렇게 말한다면 정치 활동을 이어갈 수 없겠지요. 오늘날 정치인들은 정파를 막론하고 유토피아주의를 표방해야 합니다. 그리고 그중에서 카리스마가 있는 사람이 정치 활동을 이어가곤 하지요. 프랑스 마르크스주의자였던 루이 아라공_{Louis Aragon}의 표현을 빌리면 정치인들은 "노래할 수 있는 내일"을 제시하고 대중을 이끌어야 합니다. 하지만 그 대중이 정말 내일 노래를 부를 수 있을까요? 그 '내일' 그들은 죽고, 무덤은 늘어날 것인데 말이지요. 정치인들이 하는 이야기가 모두 거짓이라 할 수는 없을 것입니다. 하지만 그들의 모든 이야기는 유토피아 색채를 지니고 있지요.

일상에서도 유토피아를 추구하는 경향은 만연해 있습니

다. 제가 '유토피아 치료제'라고 부르는 모습을 손쉽게 발견할 수 있지요. 언젠가 펜실베이니아 역에서 기차를 기다리며 서점에 들어간 적이 있습니다. 건강을 약속하고 선언하는 무수한 책들, 몸의 건강을 기준으로 모든 삶을 판단하는 책들이 있었습니다(누가 이런 책을 살까 하는 생각이 들었지만, 아무도 사지 않는다면 이렇게 많은 책이 나올 일이 없었겠지요). 최근 우리는 커피가 몸에 좋지 않다는 사실을 알게 되었습니다. 이미 무수한 음식을 금지 목록에 올렸던 사회가 이제는 커피를 금지 목록에 올린 것입니다. 이 금지 목록을 알고 있음에도 불구하고 사람들은 또다시 건강을 약속하는 책들을 삽니다. 죽음은 유토피아로 가는 길의 가장 커다란 장애물이니 말이지요. 이는 예전에도 마찬가지였습니다만 오늘날 죽음을 대하는 태도는 독특한 면이 있습니다. 그리스도교 신앙이 선포한 내용, 그리스도께서 죽음으로 죽음을 짓밟아버리셨다는 주장, 이를 믿어야 한다는 주장을 현대 사회는 다른 대체물(기적적인 건강의 회복, 다이어트 프로그램)로 바꾸어 버렸습니다. 죽음이 더는 유토피아에 대한 파괴적인 질문이 될 수 없도록 이 사회는 죽음을 방지하는 체제를 만들려 합니다. 오늘날 정신 치료가 커다란 성공을 거둔 이유도 이 때문이라고 저는 생각합니다. 모두가 현세에서의 행복을 자명한 목표로 삼고 있고, 심지어 헌법에서도 이를 권리로 명시해놓았지요. 이처럼 현세에서의 행복이 가능하다고, 그리고 행복이야말로 인간의 유일한 목표라고 체계적으로 설파한 문화는 이전에는 없었습니다. 물론 옛 체제들, 심지어 가장 비관적인 체제조차 생의 '기쁨'에 관해 이야기하기는 했습니다만, 이는 오늘날 사람들이 이야기하는 '행복'과는 전혀 다른 것이었습니다. 오늘날처럼 삶의 목표란 단순히 행복해지는 것이라고, 그리고 이를 위해서는 국가가 승인한 음식만을 먹고 물, 빵, 고기, 커피, 차와 같은 위험한 요소(담배는 두말할 것도 없지요)를 삼가야 한다는 주장은 과거에는 없던 주장이었습니다. 오히려 과거에 기쁨은 그 모든 이야기에 대한 작은 위반에서 일어나는 것이었지요. 한잔 더 마시고, 웃고, 때로는 열광하고, 1년 중 특정 시기에는 축제를 벌이는 식으로 말입니다. 현대 사회는 자신을 해치지 않고, '자신의 행복'을 보존하고 기리는 법, 유토피아주의에 기반한 처방을 끊임없이 사람들에게 내립니다. 우리의 손이 직접 미치지 않는 곳에도 유토피아주의는 깃들어 있습니다. 대기는 오염되고 있지만, 결국 미래에는 나아질 것이라는 이야기가 들립니다. 치통이 생겨 치과에 가면 온갖 책자들이 보입니다. 그 책자들에는 모든 고통이 결국 사라질 것이라는, 의학이 모든 고통을 예방할 수 있을 것이라는 약속들로 가득합니다. 그리고 사회는 이를 은근슬쩍 올바름과 연결합니다. 누군가 이 유토피아주의가 제시하는 행복을 거부하면, 고통을 이처럼 다루는 것을 거부하면, 커피 마시기를 고집하면 사람들은 그를 올바르게 살고 있지 않다고 여기지요(언젠가는 이런 이를 법정에 고소할지도 모를 일입니다). 마르크스주의와 같은 피비린내 나는 유토피아주의부터 산업화 이후 등장한 온화한 유토피아주의에 이르기까지 모든 곳에서 우리에게 위대한 약속, "노래할 수 있는 내일"을 제시합니다.

우리 시대의 두 번째 근본적인 경향, 도피주의는 이에 대한 기묘한 반응이라 할 수 있습니다. 도피주의는 일종의 대항 유토피아주의입니다. 오늘날 세계는 정력적으로 유토피아를 추구하는 이들의 세계일 뿐만 아니라 이제껏 볼 수 없었던 (모든 사회 지위, 성별을 막론하고) 이탈자들의 세계이기도 합니다. 우리는 모두 이를 경험했습니다. 60년대를 생각해 보십시오. 당시 사람들은 '체제'의 억압과 그 체제에서 벗어나고자 하는 욕망을 전례 없는 방식으로 분출했습니다. 저는 신학교의 학장입니다. 50년대에 학생들은 제가 이야기하는 거의 모든 것에 "아멘"을 외치곤 했습니다. 하지만 요즘 학생들은 '9시부터 10시까지 교의학 수업'이라는 말만 보더라도(설령 그 수업을 의무적으로 참석할 필요가 없다 할지라도) 억압적이라고 여기지요. 그러한 방식의 공표가 일정한 '체제'를 '강요'한다고 생각하기 때문입니다. 이러한 생각에 따라, 많은 사람은 자신이 '맙소사, 내가 아직도 교회에 다니고 있다니'라고 생각하며 교회를 떠납니다. 아니면 자신의 취향에 맞지 않는 오래된 의례들을 바꾸기를 바랍니다. 결혼을 원하는 연인들은 본인들의 취향에 따라 결혼 예식을 하려 합니다. 그들은 종교 언어가 자신들의 입맛에 맞기를 원합니다. 실상 그 취향과 입맛이란 이 사회의 습속을 기계적으로 따르는 진부한 취향에 불과할지도 모름에도 불구하고, 그들은 그것이 자기 고유의 취향과 입맛이라 여기며, 적어도 '억압적인 체제'보다는 낫다고 여깁니다. 도피주의는 이런 이탈자들의 태도에서 시작됩니다. 이탈자들은 새로운 영적 경험을 추구합니다. 뉴욕 브로드웨이에서는 이를 얻을 수 없으니, 인도의 푸른 산들, 아슈람을 찾아 나섭니다. '영적 기술'을 좇습니다. 불행하게도, 이탈자들은 제가 속한 동방 정교회까지 신비로운 '영적 기술'을 제공하는 곳으로, 체제에서 벗어나 개인의 행복을 추구할 수 있는 곳으로 여기고 이곳을 찾습니다. 때로는 이런저런 종교인들, 사상가들을 숭배하는 모습을 보이기도 하지요. 과거에도 이런 모습은 있었지만, 이 정도의 강도로 진행되지는 않았습니다. 오늘 펜실베이니아 역에서 수년 전에 만났던 한 남자와 오랜만에 만났습니다. "슈메만 신부님, 안녕하세요" 하면서 말을 걸더군요. 저는 그를 알아보지 못했습니다. 검은 가운을 입고 긴 수염을 길렀기 때문이지요. 머리 모양도 특이했고 이상한 모자도 쓰고 있었습니다. 그는 자기 자신을 아토스 산에서 수행 중인 수도사로 여기는 듯했습니다. 하지만 저는 그가 브루클린 태생이라는 것을 알고 있었지요. 어떤 이들은 정교회 신자가 되려면 러시아 군주주의자가 되어야 한다고 생각하곤 합니다. 정교회 신자 중에도 세계가 구원받기 위해서는 러시아에서 로마노프 왕조가 다시 들어서야 한다고 믿는 이들이 있지요. 이처럼, 도피주의자들은 '두려운' 체제를 벗어나기 위해 온갖 시도를 벌입니다. 제가 든 예들을 그냥 웃어넘길 수도 있겠지만, 이러한 현상은 모두 매우 심각한 현실을 가리킵니다. 한편에서는 유토피아주의가 우리의 의식을 지배하고, 다른 한편에서는 도피주의가 우리를 끊임없이 유혹합니다. 프랑스에서는 오늘날 우리가 강요받는 삶의 방식을 비난하며 삶이 "지하철, 일, 잠"Metro, boulot, dodo으로 이루어져 있다는 표현을 씁니다. 직장에 가고, 일하고, 잠자고 … 그게 삶의 전부라는 것이지요. 도피주의자들은 이런 삶의 방식을 그만두어야 한다고 말합니다.

오늘날 유토피아주의는 종종 '혁명'이라는 옷을 입고 등장합니다. 아프리카에서는 권력을 쥐려는 모든 세력이 자신을 '혁명 전선', '해방 전선'이라고 부릅니다. 그리고 정부를 수립하면 '혁명 정부'라고 말하지요. 이때 혁명은 일종의 음어code word입니다. 미국에서는 이를 "해방", "변화", 혹은 "삶의 질"이라고 부르지요. 유토피아주의와 도피주의는 모두 '지금 우리가 살아가는 방식'은 불가능하다고, 참을 수 없다고 전제합니다. 유토피아주의자와 도피주의자는 '지금, 여기서' 살아가는 사람들이 자살하지 않는 이유는 어떤 식으로든 그들이 '위선자'이기 때문이라고 생각합니다. 그들이 정신을 똑바로 차린다면 지금 당장 혁명을 위해 폭탄을 던지거나 제가 펜실베이니아 역에서 만난 청년처럼 수염을 그리고 명상을 해야 한다고 이야기하지요. 이때 '무엇을' 명상하는지는 중요하지 않습니다. 명상은 그 자체로 목적이자 탈출 수단이니까요. 명상 중인 도피주의자에게 "무엇을 명상하고 계십니까? 신?"이라고 물어보면 그는 이렇게 답할 겁니다. "쉿, 명상 중이잖아요." 농담조로 이야기했지만, 믿어주십시오. 이건 전혀 농담이 아닙니다. 유토피아주의와 도피주의 모두 '지금, 여기'의 문화를 부정하는 것은 유례없는 일입니다. 이 양극에는 알맹이가 없습니다. 유토피아주의자들에게 문화는 타도해야 하고, 미워해야 하고, 심판해야만 하는 것입니다. 그들에게 영광은 오직 미래에 있습니다. 한편 도피주의자들에게 문화는 오직 피해야 하고, 거부해야 하며, 혐오해야 하는 것일 뿐입니다. 이러한 흐름이 흐르고 있기에, 우리는 몇 가지 문제와 마주하고 있습니다. 이러한 이원론들이 젊은이들의 상상력을 사로잡고 있다면, 우리는 이를 어떻게 해야 할까요?

현대 미술 작품에서도 우리는 유토피아주의와 도피주의를 발견할 수 있었습니다. 앞서도 이야기했지만, 이러한 경향들이 두드러지게 나타난 것은 그리 오래되지 않았습니다. 현대 미술은 현실을 보는 방식, 혹은 받아들이는 방식이 바뀌었음을 드러냅니다. 살바도르 달리Salvador Dali, 혹은 파블로 피카소Pablo Picasso의 작품들은 무언가가 '깨졌음을' 보여주는 대표적인 사례입니다. 그 무언가가 깨지자 세상은 우리에게 미래에 대한 또 다른 약속을 제시하거나 여기서 벗어나야 한다고 이야기합니다. 다시 한번 말하지만, 오늘 우리가 우리 자신을 이해하기 위해서는 이 유토피아주의와 도피주의의 본질을 이해해야 합니다. 현대의 유토피아주의와 도피주의가 언제, 어떻게, 왜 나타났는지 이해해야 합니다.

둘에 대한 저의 첫 번째 생각은 이렇습니다. 현대 유토피아주의와 도피주의라는 두 가지 태도(과거의 어떤 문화, 문명에서도 흔히 보지 못한 태도들, 근본적이고, 실존적이며, 이념적인 태도들)는 어느 프랑스 철학자의 표현을 빌리면 "그리스도교 사상이 미쳐버린 것"입니다. 현대 유토피아주의와 도피주의는 모두 그리스도교 신앙에, 2000년 전, 자신을 사도라 불렸던 일련의 사람들이 땅끝까지 전한 기쁜 소식에 뿌리를 두고 있습니다. 달리 말하면, 두 가지 태도는 모두 세계에 대한 그리스도교의 접근, 이원론에 뿌리를 두고 있습니다. 이때 이원론은 철학적이거나 존재론적인 이원론이 아니라 실존적 이원론입니다. 이해를 돕기 위해 두 개의 구절을 들어보겠습니다.

첫 번째는 요한 복음서에 나오는 구절입니다.

> 하느님께서 세상을 이처럼 사랑하셔서 외아들을 주셨으니, 이는 그를 믿는 사람마다 멸망하지 않고 영생을 얻게 하려는 것이다. (요한 3:16)

제게 이 구절은 영원에 관한 일종의 음악처럼 들립니다. "하느님께서 세상을 이처럼 사랑하셔서 ..." 이 말씀은 창세기 첫 번째 장까지 거슬러 올라갑니다.

> 하느님께서 손수 만드신 모든 것을 보시니, 보시기에 참 좋
> 았다. (창세 1:31)

이것이 바로 하느님의 시선에 비친 세계입니다. 최근 성서학
자들은 이러한 전망을 축소하는 것 같은 인상이 있습니다.
어떤 사람들은 이를 황당한 진술, 특수성의 스캔들로 환원해
버리기도 하지요. 그러나 그런 작업에 개의치 않고(저는 그런
작업은 전혀 알 필요가 없다고 생각합니다) 복음서를 읽는다면, 이
구절은 하느님의 세계가 지닌 거대한 영광에 대한 고백으로
다가올 것입니다.

> 하느님께서 손수 만드신 모든 것을 보시니, 보시기에 참
> 좋았다.

두 번째 구절은 요한의 첫째 편지에 나오는 구절입니다.

> 세상에 있는 모든 것, 곧 육체의 욕망과 눈의 욕망과 세상
> 살림에 대한 자랑은 모두 하늘 아버지에게서 온 것이 아니

라, 세상에서 온 것입니다. (1요한 2:16)

복음이 전하는, 세계를 향한 하느님의 빛나는 사랑은 "인자가 올 때에, 세상에서 믿음을 찾아 볼 수 있겠느냐?"(루가 18:8)라는 구절에서 볼 수 있듯 종말, 재앙에 대한 공포와 맞물려 있습니다. 그러므로 그리스도교에는 근본적으로 세계에 대한 두 가지 접근이 모두 들어있습니다. 그리고 이는 상호배타적입니다. 한편 그리스도교는 끊임없이 "하느님께서 손수 만드신 모든 것을 보시니, 보시기에 참 좋았다"는 말씀에 "아멘"으로 응답합니다. 같은 맥락에서 루가 복음서는 선언합니다.

나는 온 백성에게 큰 기쁨이 될 소식을 너희에게 전하여 준다. (루가 2:10)

그리고 이 선언에 "그들은 예수께 경배하고, 크게 기뻐하면서, 예루살렘으로 돌아가서, 하느님을 찬양하면서 날마다 성전에서 지내는 것"(루가 24:52~53)으로 응답합니다. 그리스도교 예배의 핵심인 성찬을 "유카리스트"Eucharist(감사)라고 부르는 것도 이 때문입니다. 마찬가지 맥락에서 성찬이 절정에 이르면 그리스도교인들은 '거룩하시다'를 부릅니다.

거룩하시다. 거룩하시다. 거룩하시도다. 만군의 주 하느님,
하늘과 땅에 가득한 그 영광

한편 그리스도교는 끊임없이 "육체의 욕망과 눈의 욕망과 세
상 살림에 대한 자랑"이라는 유혹에 넘어가지 말라고 말합
니다. 수 세기 동안 교회는 이 둘을 동일하게, 현실의 두 가
지 본질적인 측면으로 보았지요. 하지만 그리스도교 역사에
균열이 생기자 인간의 이성에도 균열이 발생하기 시작했습
니다. 사람들은 유토피아주의나 도피주의를 '선택'하기 시작
했지요. 그렇다면 언제 이런 일이 일어났을까요? 사실, 그리
오래되지 않았습니다. 그리스도교의 중세적이고 '비관적인'
사상에 대한 반작용으로 유토피아주의의 토대가 마련된 시
기는 이른바 '계몽'enlightenment의 시대, 18세기였습니다. 이 시
기부터 '이성', '행복'과 같은 말들이 인간의 정신을 형성하기
시작했지요. 그리고 19세기 인류는 '역사의 진보'를 발견했
습니다. 그리스도교의 등장 이후, 사람들은 더는 과거(그리스
시대) 사람들처럼 역사를 일종의 순환 운동으로 이해하지 않
게 되었습니다. 다가올 하느님 나라가 우리를 특정 방향으로

인도한다고 생각했지요. 그러니 현대인들이 역사를 보는 시각은, 그 시각이 설령 그리스도교에 반하는 입장, 인간의 역사에만 집중하는 입장처럼 보인다 할지라도 그리스도교에 뿌리를 두고 있습니다. 그리스도교는 더 크고, 더 좋은 미래, '노래하는 내일'에 대한 전망을 제시한다고 해석될 여지가 있었고, 모든 헤겔주의자, 쉘링주의자, 나아가 마르크스주의자들처럼 역사를 신격화한 사람들은 본인들도 의식하지 못한 채 저 그리스도교의 전망을 따랐습니다. 초월자를 부정하고, 하느님을 거부했지만, 역사를 단순한 운동이 아니라 절대the Absolute를 향한 운동으로 보았지요. 이때 '절대'는 치통이 없는 상태를 의미할 수도 있고, 평등과 정의가 완벽하게 이루어진 상태로 볼 수도 있고, 세계 평화로 볼 수도 있습니다. 중요한 건 사람들이 자신의 유토피아를 미래에 투사한다는 것입니다. 이는 진실로 "그리스도교 사상이 미쳐버린 것"입니다.

죄도 마찬가지입니다. 악을 앎의 부재로 보는 유토피아주의 견해는 악이 선의 부재라는 그리스도교의 직관, 성서에 담긴 통찰의 왜곡된 자식이라 할 수 있습니다. 이 견해는 교육이 모든 악을 근절할 것이라는 공교육 체제의 '거대한 신화'에 반영되어 있지요. 현대인들은 세 살짜리 아이들에게 섹스에 대해 가르쳐 주면, 끔찍한 범죄와 트라우마를 겪지 않을 거라 가정합니다. 그리고 힘껏 주장합니다. "이걸 교육해야 한다, 저걸 교육해야 한다, 계속 교육해야 한다. 그러면 인간은 죄로부터 자유로워질 것이다!" 이와 달리 그리스도교 사상은 악을 원죄, 그리고 악마라는 인격으로 묘사합니다. 여기서 악마는 '무지'한 존재가 아닙니다. 오히려 온갖 지식에 능통한 존재이지요. 그렇지 않으면 악마는 하느님, 그리스도와 타협했을 것입니다. 어느 정도만 악하고, 어느 정도는 선하게 움직였겠지요. 하지만 그리스도교에서는 악마를 그런 식으로 묘사하지 않습니다. 오히려 그리스도교에서는 악마를 모든 것을 아는 존재, 가장 현명한 존재, '빛을 머금고 있는 존재'(루시퍼Lucifer)로 그립니다. 그는 하느님에 대한 모든 앎을 갖고 있음에도 불구하고 하느님을 거부합니다. 도스토예프스키Dostoevsky는 『악령』The Possessed에서 교육이 우리를 행복한 삶으로 인도할 것이라는 현대 서구의 거대한 관념을 비판합니다. 모든 전문가가 힘을 합쳐 모든 것을 과학과 증명에 바탕을 둔 사회를 만들면 모두가 행복한 사회를 만들 수 있을 거라는 견해에 대해 도스토예프스키는 그러한 '낙원'을 바라보며 한 남자가 "이 모든 걸 지옥에 보내는 게 어떨까"이라 말할 것이라고 이야기했습니다. 진보란 세계를 편리하고, 깨끗하고, 위생적이고, 효율적으로 만드는 것, 인권을 보존하는 것이며 악이란 '비합리', 반항, 빛에 대한 증오이기 때문에 지옥마저 나은 곳으로 만들 거라는 이야기지요. 하지만 책은 빛이 아닙니다. 하느님이 빛이십니다.

한편 도피주의는 악이 절대적이라는 생각에 뿌리를 두고 있습니다. 도피주의자들은 이렇게 타락하고 사악한 사회에서는 살 수 없다고, 우리는 모두 그러한 사회로부터 자유로워져야 한다고 생각합니다. 그리고 외칩니다. "이곳을 떠나십시오! 이 세계에 얽매이지 마십시오!" 이처럼 도피주의자들은 악한 구조, 모든 이를 노예로 삼는 체제에 발하나만 걸치더라도 삶이 완전히 파괴된다고 생각합니다. 다시 말하지만, 이러한 유토피아주의와 도피주의는 모두 이른바 유대-그리스도교에 뿌리를 두고 있습니다. 그래서인지 안타깝게도, 자신을 '신자'believer라고 부르는 그리스도교인들조차 세계에 대한 유토피아주의 관점, 도피주의 관점에 끌리며 끝내는 굴복하고 맙니다. 이것이야말로 진정한 비극입니다.

뉴잉글랜드에 있는 어느 신학교가 생각납니다. 60년대 유토피아주의의 세례를 받은 그 신학교의 교수들과 학생들은 한목소리로 자신들이 너무 많은 시간을 예배당에서 하느님을 찬미하고 자신들의 마음을 단련하는 데만 보냈다고, 그런 죄를 지었다고 하느님에게 고백했습니다. 그리고 나서는 하비 콕스Harvey Cox와 같은 사람의 설교를 따라 도시를 건설하고 세계를 해방하는 일에 동참해야 한다고 입을 모았지요. 결국, 교수들과 학생들은 만장일치로 예배당을 폐쇄하기로 결정했습니다. 신학교는 1968년 5월 파리 광장과 비슷한 일종의 토론장이 되었지요. 이러한 모습을 본 직후 저는 파리에 갔습니다. 수많은 사람이 곳곳에서 토론을 벌이고 있었습니다. 하지만 어떤 방향도, 목적도 있어 보이지는 않았습니다. 토론은 우리를 어느 곳으로도 인도하지 못한다고 말한다면 20세기를 지배한 거대한 믿음을 희화화하는 것일 수도 모르겠습니다만, 그곳에서 토론은 사람들을 어느 곳으로도 인도하지 못하는 듯했습니다. 다만 그곳에서 이루어진 논의들은 고스란히 현실이 되었지요. 그 결과 그리스도교인의 절반은 성 프란치스코나 바흐의 미사곡, 헨델의 메시아, 혹은 상징체계를 만들어낸 것이 '죄'라고, 행복도 평등도 아닌 기쁨, 변모산에서 변모의 빛을 보는 기쁨이야말로 인간의 참된 소명이라고 여기는 것이 죄라고 인식하게 되었습니다. 나머지 절반의 그리스도교인은 이른바 "나도 유토피아주의"Me-Too utopianism라는 흐름에 합류했습니다. 파리에 갔을 때 저는 제가 좋아하는 신학 서점에 들렀습니다. 마태오 복음서에 대한 마르크스주의 접근을 담은 서적, 창세기에 대한 프로이트주의 접근을 담은 서적이 팔리고 있더군요. 이러한 풍경은 수세기 전 싹튼 생각, 인간의 이성, 인간의 학문, 고대 시리아어 문법에 대한 지식이 그리스도의 의미, 하느님 나라의 의미에 대한 궁극적인 설명을 제시해 줄 수 있다는 생각이 낳은 결과라 할 수 있습니다. 수많은 현대인은 으레 그리스도교가 유토피아주의를 표방한다고 여깁니다. 그러한 가정 아래 '내재적인 것보다 초월적인 것을 더 좋아하는' 그리스도교인들, 하느님 나라를 '다른 세계'로 여기는 그리스도교인들은 회개해야 한다고 말합니다. 이에 호응이라도 하듯 그리스도교인들은 '해방신학'이든, '도시 신학'이든 '성 신학'이든 모든 행동주의에 동참할 것을 다짐합니다(이때 '신학'theology는 '하느님의 말씀'이 아니라 '하느님에 관한 말'words about God이 되어버립니다). 그렇게 그리스도교인들은 "나도 유토피아주의"를 표방하며 유토피아주의에 굴복해 버립니다.

이와 동시에, 도처에서 도피주의가 횡행합니다. 세계에서 등을 돌리는 일이라면 무엇이든 하려 하는 무수한 사람들이 있습니다. 정교회라고 예외는 아닙니다. 정교회에도 세상에서 무슨 일이 일어나든 전혀 신경 쓰지 않는 사람들이 있습니다. 대신 그들은 성화를 두고, 전례 세부 사항을 두고, 고

교회-저교회 논쟁을 두고 끊임없이 논쟁을 벌입니다. 그렇게 세상에서 도피합니다. 의복을 어떻게 입어야 하느냐, 현대적인 예배냐 고전적인 예배냐 ... 3세기 이집트 동부에서 그리스도교인들은 어떻게 살았느냐 ... 도피주의 성향의 그리스도교인들에게 중요한 건 '3세기'입니다. 그곳이 이집트든 메소포타미아든 어디든 그건 중요하지 않습니다. 중요한 것은 지금 시카고, 뉴욕, 런던, 파리에서 벗어나는 것이지요. 그들에게 하느님의 현현은 지금 여기가 아닌 미지의 곳, 이제는 다다를 수 없는 어딘가에서만 일어납니다. '과거 카파도키아의 카이사레아'와 같은 말은 그들을 저 미지의 곳으로 인도하는 일종의 음악입니다. 그 음악을 들으며 그들은 자신들이 올바른 신앙을 갖고 있다는 느낌을 받으려 합니다. 그들은 시카고에 있는 그리스도교인으로서 있으려 하지 않습니다. 그렇게 되면 모든 달콤한 꿈이 날아가 버리기 때문이지요. 수많은 그리스도교인이 3세기 카파도키아로 탈출하려 합니다. 이는 유토피아주의와 도피주의에 대한 그리스도교인들의 비극적인 반응입니다. 그러면 이제 어떻게 해야 할까요? 이 모든 일의 배후에는 무엇이 있는 것일까요?

앞서 저는 유토피아주의와 도피주의가 그리스도교가 제시한 전망의 두 측면이라 말했습니다. 그리스도교의 선언에 따르면 하느님께서는 세상을 사랑하십니다. 다른 한편, 하느님께서는 세상이나 세상의 그 무엇도 사랑하지 않으십니다. 사도 바울은 말합니다.

> 내가 원하는 것은, 세상을 떠나서 그리스도와 함께 있는 것입니다. 그것이 훨씬 더 나으나, 내가 육신으로 남아 있는 것이 여러분에게는 더 필요할 것입니다. (필립 1:23~24)

한편, 바울은 이렇게도 말합니다.

> 죽음도, 삶도, 천사들도, 권세자들도, 현재 일도, 장래 일도, 능력도, 높음도, 깊음도, 그 밖에 어떤 피조물도, 우리를 우리 주 예수 그리스도 안에 있는 하느님의 사랑에서 끊을 수 없습니다. (로마 8:38~39)

교회는 이 두 가지 관점을 어떻게 유지했을까요? 어떻게 교회는 하느님께서 이 세상을 사랑하셔서 하나뿐인 아들을 주셨음을 기뻐하는 것과 이 세상 그 무엇도 사랑하지 말라는 명령을 화해시킬 수 있었을까요? 위대한 신학자 아돌프 폰 하르낙Adolf von Harnack과 같은 사람들은 저 둘이 어떻게 연관되어 있는지를 살피기보다는 저 둘을 설명하려고만 했습니다. 그리스도교에는 밝은 그리스도교와 어두운 그리스도교, 낙관적인 그리스도교와 비관적인 그리스도교가 있다고 말이지요. 그렇지 않습니다. 그리스도교에는 세 가지 근본 진리가 하나로 엮여 있습니다.

첫째, 성서와 교회는 제가 "창조 경험"the experience of Creation 이라고 부르는 진리를 선언합니다. 이때 '창조 경험'은 어떻게 인간이 7일 만에 단백질로 만들어졌는지를 설명하는 것이 아닙니다. 아담이 창조되었을 때 정확히 그가 몇 살이었는지를 설명하는 것도 아닙니다. 그런 문제는 전혀 중요한 문제가 아닙니다. 창조 경험의 핵심은 시편 104편에 나옵니다.

> 내 영혼아, 주님을 찬송하여라. 내 안에 있는 모든 것들아,
> 그분의 거룩한 이름을 찬송하라. (시편 104:1)

이는 세상의 본질적인 선함, 세상 안에 있는 하느님 형상의 본질적인 선함에 대한 확언입니다.

> 하늘이 당신의 영광을 선포합니다. (시편 19:1)

성서 저자들이 끔찍한 경험을 한 적이 없어서 저런 선언을 했을까요? 신경쇠약에 걸리지 않아서 저런 말을 할 수 있었을까요? 아닙니다. 그들뿐만 아니라 이 세상에서 사람들은 언제나 고통을 겪어 왔습니다. 그런데 어떻게 저런 송영의 노래를, 영광을 찬미하는 노래를 부를 수 있었을까요? 기억하십시오. 만물은 선하다. 이것이 그리스도교의 첫 번째 확언입니다. 언젠가 교부들은 말했습니다.

> 악마가 나쁘다고 손쉽게 말하지 말라. 행실은 악하나, 그도 본성은 선하다.

이 길을 택하지 않는다면 우리는 '선한 신/악한 신'이라는 이원론으로 돌아갑니다. 악마는 하느님의 가장 완벽한 피조물입니다. 존재론의 차원에서 보면, 바로 그 때문에 그는 그토록 강력해졌고, 그토록 사악해졌습니다.

둘째, 성서와 교회는 이 세상이 타락했다고 이야기합니다. 타락은 사과(왜 사과일까요? 누가 금지된 열매를 사과라고 결정했을까요? 궁금해서 찾아보았지만, 찾을 수 없었습니다)를 먹는 사소한 잘못이 아닙니다. 세상은 선함을 거부했고, 무엇보다도 선하신 하느님을 거부했습니다. 그리하여 세상의 일부가 아닌, 세상 전체가 타락했습니다. 결혼 생활을 하는 가운데 불륜이 증가하고 채소 음료 대신 술 판매가 늘었다는 이야기가 아닙니다. 세상 전체가 타락했다는 말은 결혼 생활 역시 타락했으며 채소 음료 역시 타락했다는 이야기입니다. 모든 것이 타락했습니다. 그중에서도 가장 타락한 것은 가장 좋은 종교입니다. 종교는 하느님으로 인한 기쁨을 계산으로 대체하기 때문입니다. 예배당에 촛불을 몇 개 달면, 헌금을 얼마나 하면 복이 오고, 규칙들을 따르면, 계명을 따르면, 교부들의 말을 따르면, 성사를 준수하면 ... 이렇게 하느님의 선물을 자신의 안정 및 편안함으로 대체하려는, 그분의 선물을 조건화하고 자신을 정당화하는 신학이 그리스도교계에 범람하고 있습니다. 모든 것이 타락했습니다. 모든 것에 어둠이 드리웠습니다. 물론, 이렇게 이야기하면 곧바로 어떤 정교회 신자는 "네, 세상은 병들었고, 죄로 인해 근본적으로 훼손되었어요. 하지만 여전히 세상은 하느님의 영광을 노래하고 있어요! 하느님은 여전히 세상에 당신의 능력을 보여주고 계세요!"라고 말하겠지만 말이지요.

마지막으로, 성서와 교회는 이 세상이 구원받았다고 확언합니다. 이때 구원은 우리의 성공을 보장받는 것이 아닙니다. 세상의 자원을 잘 활용해 유익을 얻는 것도 아닙니다.

"노래하는 내일"을 약속받는 것도 아닙니다. 구원은 지금 일어난다고, 바로 지금 이루어진다고 그리스도교에서는 말합니다. 그리고 이것이 그리스도교 종말론이 이야기하고자 하는 바입니다. 종말론은 단지 미래에 관한 이야기가 아닙니다. 교회에서는 매일, 하루에도 몇 번씩 "당신의 나라가 임하소서"라고 말합니다. 지금, 그 나라가 임하고 있습니다. "지하철, 일, 잠"으로 이루어진 삶이 구원받고 있습니다. 그렇다고 해서 구원은 지상에서 살아가면 으레 겪는 일들이 의미 있는 일로 대체되는 것도 아닙니다. '의미 있는 일'이 모호하기도 하지만, 우리는 어떤 일이든 3주만 지나면 무의미함을 느끼고 어느 정도는 억압을 받는다고 느끼곤 하지요. 그렇다면 구원은 무엇일까요? 요한의 편지는 말합니다.

> 이 생명의 말씀은 태초부터 계신 것이요, 우리가 들은 것이요, 우리가 눈으로 본 것이요, 우리가 지켜본 것이요, 우리가 손으로 만져 본 것입니다. 이 생명이 나타나셨습니다. (1요한 1:1~2)

이는 역설이고, 이율배반이고, 복음입니다. 그리스도교인들은 이 소식에 전율합니다. 분에 넘치는, 너무나 과분한 소식이기 때문입니다. 우리는 과거, 현재, 미래와 관련해 명령을 내리고 처방전을 제시하는 종교를 선호합니다. 하느님이 세상의 '선한 것들'만 사랑하신다고, 교회에 오는 사람들만을 사랑하신다고, 이 세상에 '기여'하는 사람들(이들이 그만큼 혜택을 누린다 해도 말이지요)만을 사랑하신다고 생각하려 합니다. 하지만 구원이란 임할 하느님 나라가 임한 것입니다. 그 나라가 우리 가운데 있는 것입니다. 초기 교회는 이러한 관점, 종말론, 가르침, 궁극에 대한 신앙을 유지하려 했습니다. 그리고 세상은 그런 교회를 박해했습니다. 그런 교회를 거부했습니다. 로마 제국은 그리스도교인들을 향해 너희는 존재해서는 안 된다고 말했습니다. 하지만 그리스도교인들은 이에 우주적이고 역사적인 응답을 제시했습니다. 그들은 "네로! 정말 끔찍한 인간이야!"라고 말하지 않았습니다. 바울은 디모테오(디모데)에게 보낸 편지에서 말했습니다.

> 왕들과 높은 지위에 있는 모든 사람을 위해서도 기도하십시오. (1디모 2:2)

바울은 "당장 거리로 나가시오!", "시위 피켓을 드시오!"라고 하지 않았습니다. 그는 저 권세자들을 위해 기도하라고 말합니다. 왜일까요? 교회는 사회개혁을 위한 시민단체가 아니기 때문입니다. 그런 것으로 격하될 수 없기 때문입니다. 대신 바울은 우리가 책임을 맡은 세상을 구원하는 역사가 우리 마음속에서 일어나고 있음을, 우리에게 임한 빛만이 우리에게 나온 유일한 힘이라고, 이를 되새겨야 한다고 강조합니다. 이것이 '실현된 종말론'inaugurated eschatology이 뜻하는 바이며 하느님 나라에 대한 참된 앎입니다. 식단 개선과 처방전으로는 아무것도 해결되지 않는다는 깨달음이 왔을 때, 그러나 만물을 감싸고 있는 진리를 알고자 결단했을 때, 인간은 사막의 안토니우스Anthony처럼 하느님께로 돌아섭니다. 안토니우스는 사막으로 가 하느님에게 자신이 언제나 악마를 볼 수 있게 해달라고 간구했습니다. 악마는 언제나 빛의 천사라는 모습을 취하고 다가오기 때문입니다. 악마는 언제나 감상적인 말, 착한 말, 좋은 말을 합니다. 하느님께서는 안토니우스에게 악마를 볼 수 있는 능력을 주셨습니다. 그리고 안토니우스에게 이 세상은 하느님 나라가 되었습니다.

하느님 나라에 대한 궁극적인 경험은 저 셋(창조, 타락, 구원)에 대한 직관으로 이루어집니다. 이는 참된 '선'good에 대한 체험이라고도 할 수 있습니다. 이 직관이, 이 체험이 유토피아주의와 도피주의에 의문을 품게 합니다. 그 의문은 오늘날 모든 체제(지하철, 일, 잠)와 (그 체제를 옹호하거나 반대하는) 체계에 대한 의문으로 이어질 수도 있습니다. 어쩌면 모든 체제와 체계는 인간의 운명을 희화화해 보여주는 것일지도 모릅니다. 종종 사람들은 제게 와서 말합니다. "이 의미 없는 삶을 견디기 힘듭니다. 쳇바퀴처럼 지하철을 타고, 침대에 눕고, 아침을 먹고, 사슴고기를 먹고 ..." 그러면 저는 말합니다. "주님도 힘들어하셨습니다. 그분은 십자가에서 돌아가셨는걸요." 바울은 말했습니다.

> 여러분은 먹든지 마시든지, 무슨 일을 하든지, 모든 것을 하느님의 영광을 위하여 하십시오. (1고린 10:31)

언젠가, 몬트리올에 있는 교회에서 설교를 한 적이 있습니다. 예배를 마치고 한 남자가 와서 말했습니다. "월 스트리트 저널도 하느님의 영광을 위해 읽을 수 있다는 것을 가르쳐 주셔서 감사합니다." 네, 물론 가능합니다. 하느님의 영광은 재벌의 사무실에만 있지 않습니다. 저를 믿으세요. 저 직관을 가지고 돌이킨 사람은 무엇이든 될 수 있습니다. 이 세계를 하느님께서 창조하셨다는 직관, 그리고 이 세계가 타락했다는 직관, 그리고 이 세계가 구원받는다는 직관을 지니면

이 '현실'을 정직하게 살아갈 수 있습니다. 그는 어떤 사회단체가, 어떤 두뇌집단이, 어떤 과학적 발견, 어떤 치료의 발견이 궁극적으로 악을 처리할 수 있다고 생각하지 않습니다. 그는 악은 여기에, 도처에 있음을 압니다. 하지만 그는 당황하지 않습니다. 그는 이러한 현실에 새삼 놀라 그 현실에서 도피하지 않습니다.

언젠가 프랑스에 있을 때, 한 소년이 공놀이를 하고 있었습니다. 예수회 사람들이 다가와 소년에게 묻더군요. "공놀이를 하고 있구나. 그런데 주님께서 오늘 돌아오신다고 생각해보렴. 그러면 무엇을 하겠니?" 그러자 소년은 답했습니다. "공놀이요." 소년이 맞습니다. 소년은 잘못되지 않았습니다. 가끔 교회는 그리스도교로 만들어진 형이상학적 평화단체처럼 보일 때가 있습니다. 제네바에서 열리는 세계교회협의회에 갈 때 자주 저는 그런 인상을 받습니다. 그곳에서는 "교회, 회당, 그리고 여러 단체"라는 말을 즐겨 씁니다. 하지만우리는 단체에 소속되기 위해 세례를 받은 것이 아닙니다. 어떤 단체에 소속되느냐의 여부는 그의 자유입니다. 저는 누군가 어떤 단체에 반드시 속해야 한다고 생각하지 않습니다. 중요한 것은 창조, 타락, 구원에 대한 직관, 그리고 전망입니다. 이 전망이 망가지자 복음에 뿌리를 둔 우리 문화는 유토피아주의와 도피주의에 빠져들었습니다. 그러므로 오늘날 그리스도교인들이 직면한 문제, 참된 지적, 그리고 영적 도전은 유토피아주의와 도피주의 사이에서 하나를 택하는 것이 아닙니다. 종교로서 그리스도교를 좀 더 나은 신경안정제로, 성스러운 신경안정제로 파는 것이 아닙니다. 오늘날 그리스도교인들의 참된 과제는 저 직관과 전망을 회복하는 것입니다. 이는 그리스도교 종말론의 전망을 회복하는 것이기도 합니다. '다른 세계'가 무엇인지 우리는 모릅니다. 하지만 그 다른 세계가 여기 지금, 우리에게 드러났습니다. 다른 어딘가가 아닌 바로 지금, 여기에 말입니다. 지금, 여기서 그 세계를 발견하지 못하면 우리는 그 세계를 결코 발견하지 못할 것입니다. 지금, 여기서 하느님 나라를 찾지 못한다면 시카고든 윌밍턴이든, 타임스퀘어든 그 어디서도 찾지 못할 것입니다. 남아프리카 어느 지역에 가면 찾을 수 있는 것이 아닙니다. 부자가 된다고 찾을 수 있는 것도 아닙니다. 지금, 여기서 하느님 나라를 찾은 사람은 그 사람이 어떠한 지위에 있든 간에 모든 곳에서 하느님 나라를 발견합니다.

제 친구이자 사회학자인 피터 버거Peter Berger는 공장 지대, 혹은 맨해튼이 아닌 어딘가, 이를테면 밭을 갈고 빵을 굽는 버몬트 북부의 한 공동체를 낙원으로 그리는 현대인들의 상상을 비판한 적이 있습니다. 그리고 말했지요. "유감이지만, 성서에서 하느님 나라를 그릴 때 그 나라는 작은 마을 공동체가 아니라 도시였습니다."

> 나는 또 거룩한 도시 새 예루살렘이, 남편을 위하여 단장한 신부와 같이 차리고, 하느님께로부터 하늘에서 내려오는 것을 보았습니다. (계시 21:2)

유토피아주의로 이어지는 낙관론, 도피주의로 이어지는 비관론은 그리스도교 종말론을 파괴했습니다. 낙관론과 비관론은 그리스도교 어휘 목록에 있어서는 안 되는, 이단의 말입니다. 둘은 성서에 반하며 그리스도교 신앙에 반합니다. 그리스도교는 악에 대한 환상, 현실에 대한 어떠한 환상도 갖지 않는 독특한 신앙을 재건해야 합니다. 그리스도교인으로서 우리가 해야 할 일은 담배와 술을 끊는 것이 아닙니다. 그것은 값싼 믿음입니다. 싸구려 종교만이 담배를 끊으면, 술을 끊으면, 커피를 끊으면 "노래하는 내일"이 올 거라 약속합니다.

그리스도교 신앙은 두 계시, 즉 하느님께서 이 세상을 너무나 사랑하시며, 그렇기에 타락한 세계는 은밀하게, 신비롭게 구원을 받았다는 것 외에는 그 무엇에도 기초를 두고 있지 않습니다. 그리고 이 기초를 바탕으로 그리스도교는 특정 전통과 문화를 낳았습니다. 샤르트르 대성당, 노틀담 대성당, 혹은 위대한 시들을 낳았습니다. 단테와 셰익스피어, 도스토예프스키를 낳았습니다. 이들은 모두 그리스도교 신앙을 표현합니다. 이들은 모두 진정 악이 있고, 진정 선이 있다고, 세계는 사랑할 만하며 또한 혐오할 만하다고, 인간의 삶에는 수직의 차원과 수평의 차원이 있다고 말합니다. 그리스도교 신앙은 그 무엇도 폄훼하지 않습니다. 기쁨이 있을 때는 그 기쁨을 충만히 누리며 슬픔이 차오를 때는 온전히 슬퍼합니다. 삶은 그중 하나로, 혹은 그보다 더 작은 파편들로 축소될 수 없습니다. 참된 종교는 타락을 부정하지 않으며 우주적입니다. 그리스도교는 자기 믿음의 바탕뿐만 아니라 지금, 여기에서 일어나는 구원의 체험을 증언합니다. 그리고 이 믿음의 바탕과 체험에 기대어 유토피아주의와 도피주의를 이단으로 규정합니다.

인자가 올 때에, 세상에서 믿음을 찾아볼 수 있겠느냐? (루가 18:8)

어쩌면 우리는 파국으로 치닫고 있는지도 모릅니다. 그리스도를 따르는 교회는 결코 모든 일이 더 잘 될 것이라고, 모든 상황이 더 좋아질 것이라고 장담하지 않습니다. 유토피아주의라는 유혹에 순응하지 않습니다. 동시에 교회는 하느님께서 세상을 너무나 사랑하심을 알기에 도피주의라는 '배신'을 선택하지도 않습니다. 이 타락한 세계가 하느님께서 창조하신 선한 세계라는 두 현실, 이율배반으로 보이는 두 현실을 그리스도교인은 하나로 붙듭니다. 바로 이 선행 조건 conditio sine qua non에서 그리스도교 신앙이, 교회가 나왔습니다. 저 두 현실 위에서 교회는 두 가지 활동을 벌입니다.

하나는 기쁜 소식, 즉 복음의 선포입니다. 그리고 또 하나는 성찬입니다. 성찬, 이 위대한 감사의 예식은 우리에게 우리가 진정 누구인지를 가르칩니다. 물론 우리가 누구인지는 사전에도 나와 있고, 백과사전에도 나와 있습니다. 우리, 즉 인간의 몸이 무엇인지 알고 싶다면 해부학 책을 보면 되겠지요. 하지만 이 세계를 살아가는 인간이 정말 무엇인지를 알고 싶다면, 하느님께 감사하는 것부터 시작하라고 성찬은 가르쳐 줍니다. 하느님에 대한 감사를 출발점으로 삼을 때 우리는 경제결정론, 성결정론, 자연결정론 등 인간을 격하하는 온갖 이단에 빠지지 않게 될 것입니다. 그 길을 걸어갈 때 우리는 인간이 된다는 것이 무엇인지를 알게 될 것입니다. 인간은 바퀴를 발명했기 때문에 인간이 되는 것이 아닙니다(물론 바퀴의 발명도 중요한 사건이기는 하지만 말이지요). 호모 사피엔스여서, 아리스토텔레스의 논리를 발견해서 인간이 되는 것이 아닙니다. 인간은 호모 아도라투스Homo Adoratus, 즉 감사하는 인간이 됨으로써 인간이 됩니다. 감사하는 인간은 하느님에게 자신의 자격을 주장하지 않습니다. 자신의 헌법상 권리를 주장하지 않습니다. 그는 하느님께 감사를 돌리며 외칩니다.

하늘과 땅이 당신의 영광으로 가득합니다.

우리의 잘못, 우리의 병적 상태, 우리의 값싼 낙관론과 비관론에서 돌이켜 우리를 포함한 온 우주를 창조하신 분, 우리 삶의 참된 배경이자 지향점인 분께 감사를 올릴 때만, 그리하여 그분이 내려주시는 영으로 숨을 쉴 때만, '지하철, 일, 잠'으로 이루어진 삶은 변모될 것입니다. 우리에게는 여전히 우리를 돌이키게 해줄 수 있는 원천이 있습니다. 유토피아주의나 도피주의라는 양극의 수동적인 추종자가 되지 마십시오. 참된 인간성을 회복하십시오. 그리하여 구원을 믿는 이들과 함께 하느님께서 창조하신 세계, 그러나 타락한 세계, 하지만 구원받은 세계를 구하는 끊임없는 과정에 참여하십시오.

알렉산더 슈메만에 관하여

앤드루 라우스[*]

I

  '전례(예전) 신학(예배 신학)'Liturgical theology은 비교적 새로운 개념이다. 이 '전례 신학'이라는 개념은 알렉산더 슈메만이

---

[*] 앤드루 라우스는 영국 출신 정교회 사제이자 신학자다. 1944년 영국에서 태어나 케임브리지 대학교, 에든버러 대학교에서 신학을 공부하고 1970년부터 1985년까지 옥스퍼드 대학교 우스터 칼리지 특별 연구원과 옥스퍼드 대학의 교부학 강의교수를 지냈고 1985년부터 1995년까지 런던 대학 골드스미스 칼리지 문화사 교수로 있다가 1996년부터 현재까지 더럼 대학 교부신학 및 비잔틴 문화학 명예 교수로 재직 중이다. 영국 학술원 회원이자 옥스퍼드 초기 그리스도교 연구 시리즈의 편집인이며 초기 그리스도교 저술, 에우세비우스의 교회사를 영어로 번역했다. 주요 저작으로 『신비를 식별하기』Discerning the Mystery, 『서양 신비사상의 기원』The origins of the Christian mystical tradition(분도출판사) 등이 있다.

라는 한 사람과 밀접하게 연관되어 있다는 데에 많은 학자가 동의한다. 그리스도교 역사에서 행해온 전례적 의례들, 그리고 전례에서 쓰이는 본문들에 관한 연구를 뜻하는 전례학liturgiology, 예배학과 달리 전례 신학은 전례에서 야기된 신학, 교회에서 이루어지는 전례적 예배에 내포된 신학, 무엇보다도 성찬에 함축되어 있으면서 성무일도*, 성사(성례전)적 의례들sacramental rites, 교회력까지 뻗어나가는 신학을 탐구하는 것을 뜻한다. 이러한 맥락에서 '전례 신학'의 표어는 '렉스 오란디 렉스 크레덴디lex orandi lex credendi(기도의 법이 믿음의 법이다)'라고, 좀 더 적절하게는 아키텐의 프로스페르Prosper of Aquitaine가 이야기한 '레겜 크레덴디 렉스 스타수아트 수플리칸디legem credendi lex statuat supplicandi(기도의 규칙은 신앙의 규칙을 세운다)'라고 할 수 있다.

오늘날 신학을 하는 이들은 이러한 탐구가 얼마나 새로운 접근인지 가늠하기 힘들다. 제2차 바티칸 공의회 전까지 로

---

* 매일 정해진 시간에 하느님을 찬미하는 교회의 공적이고 공통적인 기도. 초대 교회는 그리스도교 공동체가 함께 기도했다는 사실을 증거하고 있다. 그다음 여러 지방에서는 공동기도를 위해 특별한 시간을 배정하는 관습이 발전하였다. 시간이 흐름에 따라 교부들은 다른 시간들도 공동기도로써 거룩히 지내기 시작하였다. 공동으로 바친 이 기도는 점차 일정한 시간의 주기로서 좀 더 확실한 형태를 취해 시간경 혹은 성무일도가 되었다.

마 가톨릭 교회에서 전례는 신학의 특정 분과가 아니었다. 그전까지 전례 연구는 도덕 신학moral theology, 교회법canon law 이나 교회사에 (전례 역사 연구로) 속해 있었다. 정교회라고 해서 크게 다르지는 않았다. 여기서도 전례 연구는 주로 전례와 관련된 본문들을 연구하는 것을 뜻했다. 물론 알렉산더 슈메만을 가르친 선생 중 한 사람에게서 우리는 전례 신학의 맹아를 볼 수 있는데 세르게이 불가코프Sergei Bulgakov*는 자신의 신학 사상을 전개하며 전례 본문과 전례적 실천들을 그 발판으로 삼은 바 있다. 그러나 많은 학자는 불가코프 신학의 또 다른 특성, 즉 지혜를 중시하는 사변에 주목했을 뿐 그의 신학과 전례와의 연관성에는 별다른 주목을 하지 않았다.

---

* 세르게이 불가코프(1871~1944)는 러시아 출신 정교회 사제이자 신학자, 철학자, 경제학자다. 러시아 리브니에서 오래된 정교회 사제 가문에서 태어나 1894년 모스크바 대학교에서 법학을 공부하고 정치경제학에 대해서도 깊은 관심을 가졌다. 마르크스주의에 전도되어 한동안 마르크스주의 지식인으로 활동했으나 톨스토이, 도스토예프스키 등의 영향으로 다시 그리스도교 신앙을 갖게 되었고 1918년 사제 서품을 받았다. 1922년 소비에트 정부에 의해 추방되어 프라하를 거쳐 1925년 프랑스에 정착해 성 세르기오스 신학교에서 교의학을 가르쳤다. 지혜에 대한 사변을 중심으로 한 그의 신학 사상은 당대 정교회 안에서 커다란 논란을 낳았으나 이후 신학, 경제학, 철학을 아우르는 그의 저작들이 영미권에 소개되면서 현대 정교회 신학자 중 가장 중요한 신학자로 재평가되고 있다. 대표적인 저작으로 『하느님의 어린 양』The Lamb of God, 『소피아, 하느님의 지혜』Sophia, the Wisdom of God 등이 있다.

전례 연구에서 전례 신학으로의 전환은 슈메만 홀로 이룬 것은 아니다. 이러한 전환은 지난 세기 서방 로마 가톨릭 교회에서 교부들에게로 돌아가려는 운동의 일부라 할 수 있다. 이른바 '신-교부적 종합'neo-patristic synthesis을 주도한 동방 신학자 게오르기 플로롭스키Georges Florovsky*, 블라디미르 로스키Vladimir Lossky**, 로 보로댕Lot-Borodine은 오늘날 '원천으로 돌아

* 게오르기 플로롭스키(1893~1979)는 러시아 출신 정교회 사제이자 신학자, 역사가이다. 당시 러시아 제국(오늘날에는 우크라이나) 오데사에서 정교회 사제의 자식으로 태어나 노보로시스크 대학교에서 역사를 공부하고 프라하에서 석사 학위를 받은 뒤 1925년 파리에 있는 성 세르기오스 신학교에서 윤리학을 가르쳤다. 1932년에는 정교회 사제로 서품받았으며 1949년에는 미국으로 이주해 성 블라디미르 신학교의 교수가 되었고 후에는 학장으로 활동했다. 정교회 신학자로서 권위를 인정받아 블라디미르 신학교 외에도 유니온 신학교, 콜롬비아 대학교, 하버드 대학교, 프린스턴 대학교에서 정교회 신학과 교부학을 가르쳤으며 정교회 사제로서 교회일치운동과 사목 활동에도 힘썼다. 전문적인 신학 교육을 받지 않았음에도 불구하고 교부 연구와 정교회 신학 연구에 탁월한 업적을 남긴 이로 평가받는다. 주요 저작으로 『교회의 보편성』The Catholicity of the Church, 『교회와 전통에 관하여』On Church and Tradition, 『경전과 전통』Scripture and Tradition 등이 있으며 한국에는 『러시아 신학의 여정 1,2』(지식을 만드는 지식)이 역간된 바 있다.

** 블라디미르 로스키(1903~1958)는 러시아 출신 평신도 신학자다. 상트페테르부르크 대학교에서 공부했다. 1922년 소비에트 정부가 지식인들을 러시아에서 추방하자 프랑스에 정착해 성 세르기우스 신학교에서 신학을 가르쳤다. 현대 서방 세계에 동방 정교회 사상을 소개하는데 크게 기여한 이로 평가받는다. 생애 후반에는 마이스터 에크하르트에 관한 연구에 전념했다. 『정교신학 개론』(지식을 만드는 지식), 『동방교회의 신비신학』(정교회 출판사)이 역간되었다.

가기'ressourcement라고 불리는 운동에 속한 로마 가톨릭 신학
자들(앙리 드 뤼박Henri de Lubac*, 장 다니엘루Jean Danielou**, 한스 우

* 앙리 드 뤼박(1896~1991)은 프랑스 출신 예수회 수사이자 로마 가톨릭
  사제, 신학자다. 프랑스 북부 캉브레에서 태어나 1913년 예수회에 입
  문했다. 프랑스군으로 1차 세계대전에 참전하였으나 큰 부상을 입고
  제대했다. 이후 잉글랜드와 채널 제도, 프랑스에서 공부했고, 모리스
  블롱델 등과 교류하며 큰 영향을 받았다. 1927년 사제품을 받고 1929
  년부터 리옹 가톨릭대학교에서 가르쳤다. 그는 신스콜라주의의 사변
  적 접근을 비판했으며, 초대교회의 고전적인 영성 전통으로 돌아갈
  것을 촉구했다. 1958년 프랑스 학술원 회원으로 추대되었으며, 1960
  년 교황 요한 23세에 의해 제2차 바티칸 공의회의 준비 위원과 자문위
  원으로 활동했다. 트리엔트 공의회 이후 상당 부분 경시된 고대 교회
  의 풍요로운 영성 전통에 교회가 다시 주목하게 된 것은 드 뤼박의 공
  헌이다. 그는 또한 교부 시대와 중세 문헌의 프랑스어 대역본인 '그리
  스도교 원전'Sources Chrétiennes 사업의 창시자 가운데 한 명이기도 하다.
  대표적인 저작으로 『가톨릭주의』Catholicisme, 『초자연적인 것』Surnaturel:
  Études historiques 등이 있으며, 『그리스도교 신비사상과 인간』(수원가톨릭
  대출판부), 『떼이야르 드 샤르댕의 종교 사상』(대구가톨릭대학교출판부)이
  역간된 바 있다.

** 장 다니엘루(1905~1974)는 프랑스 출신 예수회 수사이자 로마 가톨릭
  사제, 신학자, 역사가다. 프랑스 파리 북서부에 있는 뇌이쉬르센에
  서 태어나 1929년 예수회에 입회하고 1938년 사제서품을 받았다. 제
  2차 세계대전에는 프랑스군으로 참전하고 돌아와 파리 가톨릭 대학
  교에서 신학 박사 학위를, 소르본 대학교에서 문학 박사 학위를 받았
  다. 1943년부터 파리 가톨릭 대학교에서 교부 신학 교수로 활동하며
  초기 교회사를 연구 강의했고 1944년에는 예수회 동료, 특히 앙리 드
  뤼박과 공동으로 '그리스도교 원전' 사업을 창시했다. 제2차 바티칸
  공의회에는 공식 신학자로 참석해 공의회 문헌 집필에 참여했으며
  1969년 교황 바오로 6세에 의해 추기경으로 서임되었다. 대표적인
  저작으로 총 3권으로 이루어진 『니케아 이전의 그리스도교 교리사』

르스 폰 발타사르Hans Urs von Balthasar*, 루이 부이에Louis Bouyer**, 알

Histoire des doctrines chrétiennes avant Nicée, 『초대교회』L'Église des premiers temps 등
이 있으며 한국에는 『성경과 전례』(아름다운)이 역간된 바 있다.

* 한스 우르스 폰 발타사르(1905~1988)는 스위스 출신 로마 가톨릭 사제,
신학자다. 스위스 루체른에서 태어나 빈, 베를린, 취리히에서 독문학
을 전공했고 1928년 독문학으로 박사 학위를 받았다. 이후 예수회에
입회에 독일 플라흐에서 철학을, 프랑스 푸르비에르에서 신학을 전공
했다. 1936년에는 사제 서품을 받았으며 1945년 여성 신비가 스페이
어와 함께 '요한 공동체'라는 재속회를 설립하고 이를 이끌었다. 국제
가톨릭 잡지 「코무니오」Communio를 창간하고 수많은 신학 저술을 발
표했으나 교수직을 맡지 않았기에 별다른 주목을 받지 못하다 1984
년 교황청 국제신학위원회가 수여한 '바오로 6세상'을 받은 후부터 세
상에 널리 알려지게 되었으며 오늘날에는 20세기를 대표하는 대표적
인 가톨릭 신학자 중 한 사람으로 평가받고 있다. 주요 저작으로 15권
으로 이루어진 신학적 미학 3부작(1부 '영광'Herrlichkeit(전 7권), 2부 '하느님
의 드라마'Theodramatik(전 5권), 3부 '하느님의 논리'Theologik(전 3권))이 있으며
한국에는 『발타사르의 지옥 이야기』(바오로딸), 『발타사르의 구원 이야
기』(바오로딸)가 역간된 바 있다.

** 루이 부이에(1913~2004)는 프랑스 출신 로마 가톨릭 사제이자 신학
자다. 파리에서 태어나 스트라스부르 대학교에서 신학을 공부하고
1936년 루터교 목회자로 안수를 받아 파리에 있는 교회에서 목회 활
동을 하다 1939년 가톨릭 교회로 옮기고 오라토리오회에 입회한 뒤
1944년 사제 서품을 받았다. 1950년 박사 학위를 받은 뒤 파리 가톨
릭 대학교 교수로 임용되어 이후 1962년까지 그곳에서 그리스도교
영성을 가르쳤다. 제2차 바티칸 공의회에서는 고문으로 임명되어 활
동했고 공의회가 끝난 뒤에도 전례 개혁을 위한 위원회 고문으로 활
동했다. 1960년대 이후에는 미국으로 가 노틀담 대학교, 워싱턴의 가
톨릭 대학교, 샌프란시스코의 가톨릭 대학교 등에서 영성신학을 가
르쳤다. 그리스도교 영성, 교의신학, 전례 신학 등 다양한 분야에서
수많은 저작을 남겼으며 교회일치운동에도 적극적으로 참여했다.
주요 저작으로 『교회에서 개신교주의에 대하여』Du protestantisme l'glise,

로이스 그릴마이어Alois Grillmeier* 등)의 작업에 친근함을 느꼈음
은 물론 상당 부분 빚을 졌다. 마찬가지로 슈메만의 전례 신
학은 제2차 바티칸 공의회에서 절정에 이른 서방 교회의 전
례 운동에 커다란 빚을 지고 있다. 더 나아가 영국에서는 『성
사로서의 세계』The World as Sacrament라는 제목으로 출간된 책
(미국에서는 『세상의 생명을 위하여』For the Life of the World라는 제목을
달고 출간되었다)의 서문에서 슈메만은 전례 운동과 연관된 학
자들(오도 카젤Odo Casel**, 랑베르 보뒤엥Lambert Beauduin***, J.A. 융만

『성경과 복음』La Bible et l'vangile 등이 있으며 한국에는 『영성 생활 입문』
(가톨릭 출판사)이 역간된 바 있다.

* 알로이스 그릴마이어(1910~1998)는 독일 출신 로마 가톨릭 사제, 예수
회 수사, 신학자다. 독일 바이에른에서 태어나 1929년 예수회에 입회
하고 1937년 사제 서품을 받았다. 로마에서 공부하고 프라이부르크
대학교에서 박사 학위를 받았다. 이후 프랑크푸르트에 있는 상트 기
르겐 철학, 신학 대학원의 교수가 되어 교의학을 가르쳤다. 제2차 바
티칸 공의회에 공식 신학자로 참석, 공의회 문헌 집필에 참여해 이름
을 그리스도교 신학계에 널리 알렸다. 주요 저작으로 총 2권으로 이루
어진 『그리스도교 전통에서의 그리스도』Christ in Christian Tradition가 있다.

** 오도 카젤(1886~1948)은 로마 가톨릭 사제이자 베네딕도회 수사, 전례
학자다. 독일 코블렌츠-뤼첼에서 태어나 1905년 베네딕도회에 입회
하고 1911년 사제 서품을 받고 1912년 로마 성 안셀무스 대학교에서
박사 학위를 받았다. 그리스도교의 진정한 가르침을 전통의 원전에
서 찾아 충실히 해석함으로써 전례에 그 본연의 원리를 부여하고자
노력했으며 그 연구 결과를 본인이 20년간 책임자로 일한 『전례학 연
보』Jahrbuch fr Liturgiewissenschaft를 통해 발표했다. 1909년부터 본격적으로
시작되어 제2차 바티칸 공의회에서 결실을 본 가톨릭 전례 운동의 신

J. A. Jungmann[*], 루이 부이에, 로마노 과르디니Romano Guardini[**], H. A. 라

학적 근거를 제시한 학자로 평가받는다. 주요 저작으로 『신비의 그리스도교 예배』Das christliche Kultmysterium, 『신앙, 영지 그리고 신비』Glaube Gnosis und Mysterium 등이 있다.

[***] 랑베르 보뒤엥(1873~1960)은 벨기에 출신 로마 가톨릭 사제이자 베네딕도회 수사, 전례학자다. 벨기에 와람메에서 태어나 신학교에서 공부하고 사제 서품을 받았다. 1906년 베네딕도회에 입회했고 본격적으로 전례문들을 연구해 1909년 벨기에 말린에서 개최된 가톨릭 회의에서 전례 쇄신 프로그램을 제시했다. 이 프로그램에는 「미사경본」을 자국어로 번역하고 신자들의 주요 기도서로 배포하는 것, 미사와 성무일도의 중요성에 대한 강조, 미사시 해당 지역 언어 사용, 그레고리오 성가와 성가대의 영적, 전례적 기능을 장려 등이 포함되어 있었다. 이후 많은 신학자가 보뒤엥의 프로그램에 공감했고 이는 제2차 바티칸 공의회에 반영되었다. 주요 저작으로 『교회의 신심』La Piété de l' Eglise이 있다.

[*] J. A. 융만(1889~1975)은 오스트리아 출신 로마 가톨릭 사제이자 예수회 수사, 전례학자다. 뮌헨, 빈 등에서 공부했으며 1913년 사제 서품을 받고 1917년 예수회에 입회하여 1923년 인스브루크 신학교에서 신학박사 학위를 받은 뒤 1925년부터 인스브루크 신학교에서 교리 교육 및 전례학을 가르쳤다. 19세기 말, 20세기 초부터 개진된 전례 쇄신운동의 중요한 옹호자이자 이론가였으며 전례 역사 연구 분야에 탁월한 업적을 남겼다. 주요 저작으로 『성찬례』Die Eucharistie, 『전례 쇄신, 검토 및 전망』Liturgische Erneuerung. Rückblick und Ausblick 등이 있다.

[**] 로마노 과르디니(1885~1968)는 이탈리아 출신 로마 가톨릭 사제이자 신학자, 종교철학자다. 이탈리아 북부 베로나에서 태어났으나 이듬해 아버지의 사업 문제로 독일로 이주해 살게 되었다. 이후 프라이부르크 대학교와 튀빙겐 대학교에서 신학을 공부하고 1910년 사제 서품을 받았으며 1912년 프라이부르크 대학교에서 박사 학위를 받았다. 1922년에는 본 대학교에서 교수 자격을 얻고 동 대학교에서 교의학을 가르쳤다. 이후 개신교 성향이 강한 베를린 대학교에서 가톨릭 신앙을 강의했는데 학생들의 열광 어린 반응을 낳아 강연자로서

인홀트H. A. Reinhold*)의 이름을 언급했는데(누군가는 여기에 그레
고리 딕스Gregory Dix**를 추가할지도 모르겠다) 이들의 저작과 활동
은 단순히 로마 가톨릭 교회 전례를 갱신하는 것 이상을 의
도했다. 그들은 모두 그리스도교 공통의 신학적, 영적 관점
을 확립하고, 참된 공교회적 언어를 회복하는 데 관심을 기

의 명성을 떨침과 동시에 이 강의 원고들을 책으로 출간해 학자로서
의 명성 역시 높아졌다. 생애 후반부에는 현대문명에 대한 비판적인
성찰을 담은 저작들을 펴내 종교철학자, 문명비판가로서 높은 평가
를 받았다. 주요 저작으로 『전례의 정신』Vom Geist der Liturgie, 『주님』Der
Herr, 『주님의 교회』Die Kirche des Herrn 등이 있다. 한국에는 『거룩한 표
징』(분도출판사), 『삶과 나이』(문학과지성사), 『우울한 마음의 의미』(가톨
릭대학교출판부) 등이 역간된 바 있다.

* H. A. 라인홀트(1897~1968)는 독일 출신 로마 가톨릭 사제이자 신학자,
전례학자다. 독일 함부르크에서 태어나 프라이부르크 대학교에서 인
스부르크 대학교에서 공부한 뒤 1925년 사제 서품을 받았다. 이후 가
톨릭 선원 선교회에서 사목활동을 하고 1935년 미국으로 가 도로시
데이와 함께 가톨릭 노동자 운동을 벌임과 동시에 포츠머스에 있는
베네딕도회 학교에서 신학을 가르쳤다. 가톨릭 교회의 사회 참여, 전
례와 관련해 수많은 책을 남겼으며 영미권에서 전례 운동이 펼쳐지는
데 커다란 기여를 했다. 주요 저작으로 『전례의 역동성』The dynamics of
liturgy, 『전례와 예술』Liturgy and art 등이 있다.

** 그레고리 딕스(1901~1952)는 영국의 성공회 사제이자 신학자, 수도사
다. 런던에서 태어나 옥스퍼드 머튼 칼리지에서 공부했으며 1925년
사제 서품을 받고 1940년 성공회 베네딕도회 수도사로 수도 서원을
한 뒤 세상을 떠날 때까지 수도 생활을 했다. 신학자로서는 20세기
전례학 연구에 매우 중요한 공헌을 남긴 이, 성공회 전례 개혁에 커
다란 영향을 미친 이로 평가받으며 특히 1945년 작 『전례의 형성』The
Shape of the Liturgy은 현대판 고전으로 꼽힌다.

울였다. 이러한 노력 없이는 어떠한 교파 간 만남도, 교회일치를 위한 어떠한 대화도 가능할 수 없다고 생각했기 때문이다. 이들의 작업은 서방, 동방 교회의 전례와 영적 유산과 그 특징을 이해하는 데 커다란 기여를 했다. 그러므로 위에서 언급한 이들 중 몇몇이 교회일치운동, 특히 정교회와 로마 가톨릭의 관계를 개선하는 데 노력을 기울였다는 사실은 그리 놀랍지 않다. 그리고 이들 중 몇몇 학자들은 제2차 바티칸 공의회에 신학자문위원peiti로 참여했고 슈메만 또한 정교회를 대표해 참관인observer으로 참여했다. 결국 슈메만은 20세기에 전례에 대한 인식을 변화시키고 제2차 바티칸 공의회의 전례 개혁이라는 열매를 맺은 운동의 적자 중 한 사람이라 할 수 있다. 그리고 그만큼이나 그의 사상은 이후 정교회 세계뿐만 아니라 그리스도교계 전체(특히 미국)에 거대한 영향을 미쳤다.

‖

알렉산더 슈메만은 1921년 9월 13일 에스토니아의 수도 탈린에서 러시아 귀족 이민자(그의 아버지는 러시아 황실 근위대에서 일했다)의 아들로 태어났다.[1] 일곱 살 때 그의 가족은 파리로 다시 이주했다. 파리에서는 다뤼가에 있는 성 알렉산드르 넵스키 정교회 성당에 다녔는데 그곳에서 복사*로 봉사했다. 1939년 슈메만은 성 세르지오 정교회 신학교에 들어갔다. 그곳에서 그는 세르게이 불가코프에게 가르침을 받았는데 이후 일평생 불가코프를 존경했지만, 지혜를 중시하는 그의 신학적 사변에는 동의하지 않았다. 반면 성찬에 바탕을 둔 교회론을 주장한 니콜라이 아파나시에프Nikolai Afanasiev**는 슈메만에게 커다란 영향을 미쳤으며 교회사가 A.V. 카르

---

1 그의 삶에 관해서는 다음을 참조하라. 피터 스코어러Peter Scorer가 쓴 슈메만 부고, *Sobornost/ECR* 6:2 (1984), 64~68. 그리고 존 메이엔도르프John Meyendorff가 쓴 후기, *The Journals of Father Alexander Schmemann, 1973-1983* (Crestwood, NY: St Vladimir's Seminary Press, 2000), 343~351. William C. Mills, *Church, World, Kingdom: The Eucharistic Foundations of Alexander Schmemman's Pastoral Theology* (Chicago-Mundelein, IL: Hillenbrand, 2012), 23~36.

* 미사, 성체강복식, 혼인성사, 성체성사 등을 거행할 때 집전하는 사제를 도와 의식이 원활하게 진행될 수 있도록 보조하는 사람이다.

** 니콜라이 아파나시에프(1893~1966)는 러시아 출신 정교회 사제이자 신학자다. 오늘날 우크라이나의 오데사에서 태어나 러시아 내전 중에 백군에서 포병대로 복무한 뒤 베오그라드 대학교에서 교회사를 공부하고 1927년 박사 학위를 받았다. 1930년부터는 파리로 이주해 성 세르기오스 신학교에서 교회사와 교회법을 가르쳤다. 1940년에는 사제 서품을 받았다. 로마 가톨릭과의 대화, 교회일치운동에 적극적으로 참여했으며 성찬례, 성찬에 바탕을 둔 신학을 강조하고 그 가치를 회복하는데 기여한 학자로 평가받는다.

타셰프A. V. Kartashev*는 그가 교회사에 관심을 갖도록 자극을 주었다(슈메만은 카르타셰프 밑에서 비잔틴 신정 정치에 관한 학위 논문을 썼다). 또한 키프리안 컨Kiprian Kern**은 전례 신학과 관련된 슈메만의 사상을 형성하는 데 커다란 영향을 미쳤다.

1946년 그는 사제 서품을 받고 그의 영적 아버지가 된 키프리안 신부와 함께 클라마르에 있는 교회에서 사목 활동을 했으며 1951년에는 게오르기 플로롭스키를 따라 미국에 가서 당시 새롭게 설립된 성 블라디미르 정교회 신학교의 교수진으로 합류한다(플로롭스키는 학장이 되었다). 그곳에서 그는 교회사를 가르쳤고 1955년 플로롭스키의 뒤를 이어 신학교 학장이 되었고 1983년 12월 13일 세상을 떠날 때까지 21년

---

* A.V.카르타셰프(1875~1960)는 러시아 교회사가이자 언론인, 정치가다. 러시아 키시팀에서 태어나 파마 신학교, 상트페테르부르크 신학교에서 신학을 공부하고 상트페테르부르크 대학교에서 종교사를 가르쳤으며 동시에 언론인으로도 활동했다. 러시아 혁명에 반대해 공산주의자들에게 체포되었으나 탈출을 감행해 1920년 파리로 이주했으며 몇몇 이민 지식인들과 함께 성 세르기오스 신학교를 설립했고 세상을 떠날 때까지 그곳에서 교회사를 가르쳤다.

** 키프리안 컨(1900~1960)은 러시아 정교회 신학자이자 수도사다. 러시아 상트페테르부르크에서 태어나 대학교에서 법학을 공부하고 한동안 변호사로 활동했으나 신학에 관심이 생겨 베오그라드 대학교에서 신학을 공부하고 1927년에는 수도사로 살기로 서원했다. 1937년 성 세르기오스 신학교의 교수진에 합류해 처음에는 전례학을 1940년부터는 교부학을 가르쳤다.

동안 학장직을 유지했다. 그의 지도로 성 블라디미르 신학교의 강의와 예배는 영어로 바뀌었으며 레오니드 우스펜스키Leonid Ouspensky*가 만든 빼어난 이콘**과 미국 토착 나무로 꾸며진 예배당이 신학교에 건립되었다. 슈메만은 누구보다 적극적으로 미국에서 활동했지만 평생 러시아인이라는 정체성을 유지했다. 그는 러시아 문학의 애호가였는데 알렉산드르 블로크Aleksandr Blok, 안나 아흐마토바Anna Akhmatova, 오십 만델스탐Osip Mandelstam의 시를 좋아했으며 매년 여름마다 『안나 카레니나』Anna Karenina를 읽었고 영어로 강의를 하기는 했으나 모든 책은 러시아어로 썼다. 수년간 그는 유럽자유방송을 통해 매주 러시아어로 설교를 했는데 덕분에 그의 이름

* 레오니드 우스펜스키(1902~1987)는 러시아 출신 성화작가이자 해설자다. 러시아의 골라야 스노바(오늘날 골로스노브카)에서 태어나 무신론과 공산주의 이념에 관심을 갖게 되어 러시아 혁명 당시에는 붉은 군대에 가담했으나 전투에 패한 뒤 1926년까지 불가리아에 있는 탄광에서 일했다. 1929년 파리로 이주해 회심한 뒤 이콘을 배웠으며 블라디미르 로스키와의 교류를 통해 이콘 신학을 익히게 되었다. 이후 이콘 제작과 복원, 해설에 몰두하면서 20세기를 대표하는 이콘 화가이자 해설자가 되었다. 한국에는 그의 대표 저작인 『정교회의 이콘신학』(정교회 출판사)이 소개된 바 있다.

** 성화聖畫. 원래 그리스어로는 형상과 모상을 뜻하며, 예수 그리스도나 마리아, 성인과 순교자 등과 성경, 교리의 내용을 소재로 그린 성화를 지칭한다. 목판에 그리거나 벽에 프레스코화로 그리고, 모자이크나 복음서 등의 세밀화로도 표현된다.

은 소련 치하에서 신음하던 그리스도교인들 사이에 널리 알려졌고 그중에는 1974년 러시아에서 추방당한 소설가 알렉산드르 솔제니친Aleksandr Solzhenitsyn도 있었다.

사제로서 그가 남긴 가장 위대한 업적은 1970년 모스크바 총대주교의 승인을 받아 미국 정교회OCA: Orthodox Church in America가 자치권을 갖게 한 점일 것이다. 물론 그가 남긴 업적을 더 자세히 살펴보기 위해서는 신학자로서 남긴 업적을 살펴보아야 한다.

Ⅲ

앞서 언급했듯 슈메만은 신학교에서 교회사, 전례 신학, 사목 신학을 가르쳤다. 그가 쓴 첫 번째 저작은 1963년에 출간된 『동방 정교회의 역사적 여정』The Historical Road of Eastern Orthodoxy인데 이 교회사 저작은 학계의 별다른 관심을 받지 못했다. 정교회 신학자로서 그의 이름을 알린 저작들은 대부분 그가 '전례 신학'이라고 부른 영역에 속한 저작들(『전례 신학 입문』Introduction to Liturgical Theology, 『세상의 생명을 위하여』, 『대사순절』Great Lent: The Journey to Pascha, 『물과 성령으로』Of Water and the Spirit, 『성찬』The Eucharist)이 대부분이다.

앞서 언급한 슈메만의 전례 신학과 로마 가톨릭 신학자들

의 '원천으로 돌아가기' 운동에서 자란 서구권 전례 운동의
연관성을 고려해 누군가는 슈메만을 (20세기 초 동방 신학자들이
진행한) '신-교부적 종합' 흐름에 속한 학자로 간주할 수도 있
다. 그러나 1980년 10월 2일 일기에서 그는 말했다.

언젠가 존 메이엔도르프*는 왜 사람들이 교부들에 집착하
는지 이해할 수 없다고 솔직하게 말했다. 많은 이가 교부들
의 신학을 옹호하느라 현실 세계를 주도면밀하게 이해하려
하지 않는다. 그리고 그러면서도 자신들이 교회와 정통 가
르침에 봉사하고 있다고 확신한다. 난 이들이 교부들의 사
유, 그들이 남긴 저작의 내용에 끌리는 것이 아니라 그들의

---

* 존 메이엔도르프(1926~1992)는 프랑스 출신 정교회 신학자다. 파리로
이주한 러시아 이민자 가정에서 태어나 파리 성 세르기오스 신학교,
소르본 대학교에서 신학을 공부하고 파리고등연구원에서 박사 학위
를 받았다. 이후 성 세르기오스 신학교에서 교회사를 가르치고, 프랑
스 국립 과학 연구원의 전문연구위원으로 활동하다 미국으로 건너가
성 블라디미르 신학교 설립에 기여하고 이후 그곳에서 줄곧 교회사와
교부학을 가르쳤으며 알렉산더 슈메만의 뒤를 이어 1992년까지 성 블
라디미르 신학교 학장을 역임했다. 그 외에도 하버드 대학교, 포덤 대
학교, 유니온 신학교 등에서 겸임교수로 교부학과 비잔틴 교회사를
가르쳐 슈메만과 더불어 미국에 정교회 신학을 소개한 대표적인 신학
자가 되었다. 주요 저작으로『정교회』L' Église Orthodoxe,『로마, 콘스탄티
노플, 모스크바』Rome, Constantinople, Moscow 등이 있으며 한국에는 『비잔
틴 신학』(정교회 출판사),『헤지카즘의 신학자 성 그레고리오스 팔라마
스』(정교회 출판사)가 소개된 바 있다.

껍데기에 끌리는 것은 아닌지 우려된다. 이는 전례들과 관련한 정교회의 가르침에 대한 사람들의 오해와도 연관이 있어 보인다. 사람들은 (전례를) '이해하지 말고 사랑하라'는 정교회의 가르침을 전례를 이해하지 못하고 아무런 판단도 끌어내지 못하는 자신의 모습을 정당화하는 근거로 삼곤 한다. 그렇게 우리는 옛 음악의 매력적인 선율에 매혹되기는 했으나 스스로 담을 치고 앉아 교회가 고통받고 있음을 회피한 채 오랜 시간 전장戰場에 참여하기를 거부하고 있는 것은 아닐까.[2]

또한 그가 러시아 정교회 신앙에 커다란 애정을 가진 것은 사실이며 이는 그가 쓴 (다양한 러시아 사상가들에 대한 유용한 통찰을 제공하는 서문이 담긴) 『궁극적인 질문들: 근대 러시아 종교 사상 선집』Ultimate Questions: An Anthology of Modern Russian Religious Thought만 봐도 분명하게 알 수 있다. 그러나 1980년 3월 31일 성 월요일 쓴 일기에 그는 대표적인 러시아 신학자인 세르게이 불가코프에 대해 적었다.

---

2 Alexander Schmemann, *The Journals of Father Alexander Schmemann, 1973-1983* (Crestwood, NY: St Vladimir's Seminary Press, 2000), 269.

결국, 그의 신학은 너무나 자의적이라 할 수 있다. 그의 신

학은 너무나 개인적이기에, 달리 말하면 자신의 감정에 치

우쳐 있기에 살아남지 못할 것이다. 다른 러시아 종교 사상

가들, 즉 베르댜예프Nikolai Berdyaev[*], 플로렌스키Pavel Florensky[**]

---

[*] 니콜라이 베르댜예프(1874~1948)은 러시아 출신의 사상가다. 오늘날 우크라이나의 수도인 키예프에서 태어나 키예프 대학교에서 법학을 공부하고 마르크스주의 운동에 참여했다가 유형 생활을 한 뒤 마르크 스주의를 비판하고, 그리스도교를 기반으로 한 사상을 발전시켜 나갔 다. 러시아 혁명 직후인 1920년에는 모스크바 대학교에 교수로 초빙 되었으나 이내 추방되었고 이후 베를린과 파리에 종교철학 아카데미를 설립해 활발한 강연 활동과 저술 활동을 했다. 종종 그리스도교 실 존주의 철학자로 불리기도 하나, 자유와 인격을 바탕으로 독특한 인 격주의 사상을 제시했다는 평가를 받으며 공산주의와 파시즘과 같은 전체주의를 예고하고 비판한 이로도 널리 알려져 있다. 현실 러시아 정교회의 모습에 대단히 비판적이었으나 교회를 떠나지 않았으며 평 생 러시아 정교회 신자로 남았다. 주요 저작으로 『현대 세계의 인간 운명』The Fate of Man in the Modern World, 『자유와 정신』Freedom and the Spirit, 『노 예냐 자유냐』Slavery and freedom 등이 있으며 한국에는 『현대 세계의 인간 운명』(지식을 만드는 지식), 『노예냐 자유냐』(늘봄), 『도스토옙스키의 세계 관』(한국외국어대학교출판부) 등이 소개된 바 있다.

[**] 파벨 플로렌스키(1882~1937)는 러시아 정교회 사제이자 신학자, 철학 자, 수학자, 물리학자다. 오늘날 아제르바이잔에 있는 예블라흐에 서 태어나 모스크바 대학교에서 수학을 공부하고 슬라브 그리스 라 틴 아카데미에서 신학을 공부했다. 1911년에는 사제 서품을 받고 신 학 간행물 편집장을 지내며 철학, 신학, 수학, 물리학에 관한 다양한 글을 발표했다. 러시아 혁명 직후에는 정부에 협조했으나 이내 사상 이 문제시되었고 추방과 투옥을 반복하다 1937년 재판정에서 사형 을 선고받고 총살당했다. 러시아의 레오나르도 다빈치라 불릴 만큼 신학, 수학, 철학, 미학 등 다방면에서 업적을 남겼다. 주요 저작으

… 도 마찬가지다. 불가코프는 철저하게 정교회 용어를 사용했다. 그의 신학에서는 모든 것이 절묘하게 맞물려 돌아간다. 그러나 동시에 그의 신학은 너무나 낭만주의적이고 주관적이다. 그가 이야기한 것은 결국 '불가코프의' 신학이었다. "보라! 나는 정교회에 내 '지혜'를 바칠 것이다. 나는 모든 사람에게 우리 정교회가 진실로 믿는 바를 보여줄 것이다" … 안타깝게도 불가코프의 신학에는 겸손이 없다. 그는 자신의 손이 닿는 모든 것을 자기식으로 바꾸었고 자기 방식대로 설명했다. 그는 결코 교회와 섞이지 않았다. 불가코프는 교회에서조차 '자기 자신'을 발견하고 감지했다.[3]

거친 말들이지만 슈메만의 두 논평은 그가 당시 신학이 빠질 수 있는 위험이 무엇이라고 생각했는지를 보여준다.

전례가 신학의 중심에 자리하고 있다는 확신은 슈메만 자신의 고유한 체험, 파리에 있던 러시아 이민자 공동체에서 나누었던 체험으로부터 자라났다. 하지만 그것이 전부는 아

로 『진리의 기둥과 땅』The Pillar and Ground of the Truth, 『이코노스타시스』 Iconostasis 등이 있다.

[3] Alexander Schmemann, *The Journals of Father Alexander Schmemmann*, 261~262.

니다. 그의 일기를 보면 슈메만의 신앙을 성장케 한 또 다른 무언가를 발견할 수 있다.

파리에서의 학창 시절, 등교하던 길에 나는 몽소에 있던 성 샤를 교회에서 발길을 멈추곤 했다. 거대하고 어두운 교회 안에서 사람들이 영성체를 마치고 침묵하고 있었다. 그리고 그 속에서 무언가 울려 퍼지고 있었다. 그렇게 서방 그리스도교는 내 유년 시절의 일부가 되었다. 이후 나는 이중의 삶을 살았다. 한편으로 나는 매우 세속적이고 전형적인 러시아 이주민의 삶을 살았다. 다른 한편 나는 비밀스럽고, 종교적인 삶을 살았다. 둘은 분명한 대비를 이룬다. 시끄럽고, 프롤레타리아적인 저잣거리와 언제나 변치 않고 조용히 진행되는 예배, 어둠을 비추는 한 줄기 빛 … 이러한 대비는 내 종교 체험과 직관을 결정했다. 우리를 둘러싼 현실에는 두 가지 전혀 다른, 이질적인 세계들이 공존하고 있음을 절대적으로, 완전히 '다른' 무언가가 이 세계에 임했음을, 그리고 이 다른 무언가가 만물을 비추고 있음을 나는 감지했다. … 시간이 흐르며 나는 이러한 직관이 우리 안에, 그리고 우리와 함께 있는 하느님의 나라로서의 교회와 연관이 있음을 알게 되었다. 이제 내게 저잣거리의 세상은 더는 불필요한 곳, 적대적인 곳, 존재하지 않는 곳이 아니었다. 이러한 깨달음이 무르익자 나는 이른바 순수한 '심령주의'spiritualism를 멀리하게 되었다.[4]

슈메만은 이러한 자신의 체험을 바탕으로 신학자로서의 소명을 갖게 되었다.

이 체험, 그리고 생명, 생명의 물질적 차원, 몸을 입은 실재에 대한, 생명의 실재가 시간과 엮이면서 빚어지는 고유한 무언가에 대한 감각은 언제나 내 안에, 아마도 영원히 남아 있을 것이다. 나는 이러한 감각이 어린 날 조용히 진행되는 예배에서 목격했던 것, 하느님의 함께하심과 우리의 기쁨에 뿌리를 두고 있음을 안다. 어떤 사람은 그러한 것들이 도대체 서로 어떻게 연결되어 있는지 물을 것이다. 그러나 나는 이를 체계적으로 설명하거나 어떤 공식으로 이야기할 수 없다. 그것이 내가 신학과 관련해 말하고 써야 할 유일한 것이라 할지라도 말이다. 그것은 '관념'이 아니기 때문이다. '관념'은 혐오스럽다. 그리스도교는 이런저런 '관념'들로는 제대로 표현할 수 없다. 하느님의 함께하심과 우리의 기쁨이

---

4 Alexander Schmemann, *The Journals of Father Alexander Schmemmann*, 19.

어떻게 연결되는지를 알아차리게 해주는 것은 관념이 아니라 체험, 이 세상, 그리고 이 세상의 모든 생명체가 문자 그대로 하느님 나라의 빛 아래 있으며 이 나라는 만물에 빛으로 자신을 드러냄으로써, 그렇게 만물에 들어가 세상을 다시 빚어내고 있음을 체험함으로써만 알 수 있다. 색채, 소리, 움직임, 시간, 공간에서 우리는 이를 체험한다. 그렇기에 이는 추상적이지 않으며 구체적이다.[5]

앞서 언급했듯 이러한 슈메만의 생각은 성찬에 바탕을 둔 교회론을 주장한 니콜라이 아파나시에프에게 영감을 받은 것이다. 그러나 그는 이러한 생각을 좀 더 밀고 나아갔다. 곳곳에서 슈메만은 교회의 예배가 "다른 차원을 창조함"을 이야기하곤 했다.

이 차원을 드러내기 위해서 교회는 존재한다. 이 다른 차원이 없다면 교회의 모든 가르침, 구조, 질서는 아무런 의미도 없다.[6]

---

5 Alexander Schmemann, *The Journals of Father Alexander Schmemmann*, 20.

6 Alexander Schmemann, *The Journals of Father Alexander Schmemmann*, 9.

그러므로 신학, 전례 신학의 목적 역시 이 "다른 차원"을 드러내는 데 있다. 이 차원은 이 세상이 하느님 나라에 속해 있음을 알아차릴 때 드러난다. 이러한 슈메만의 생각은 그의 대표작인 『세상의 생명을 위하여』에서 분명하게 살펴볼 수 있다. 그가 보기에 하느님 나라가 이 땅에 임하고 현실화하고 있음을 명징하게 보여주는 것은 성찬이다. 이 천상의 축제는 창조의 목적(하느님과의 친교, 그의 생명을 나누는 것)을 드러낸다. 그리고 이는 우리의 삶이 가리키는 바이기도 하다. 그는 단언한다.

인간은 굶주린 존재다. 그러나 인간이 굶주려 있는 것은 바로 하느님이다. 우리 삶의 모든 굶주림은 결국 우리가 하느님께 굶주려 있음을 가리킨다. 우리의 모든 갈망은 궁극적으로는 그분을 향한 갈망이다. 물론 인간만 굶주림을 느끼는 유일한 존재는 아니다. 존재하는 모든 것은 무언가를 먹음으로써 산다. 창조세계 전체는 다 무언가 먹는 것에 의존한다. 그러나 세계에서 인간만이 가진 독특한 점은 오직 인간만이 하느님께 받은 음식과 생명에 대해 하느님을 찬미하는 존재라는 점이다. 오직 인간만이 하느님께서 베푸신 축

복에 대해 찬미로 응답한다.[7]

이어서 슈메만은 아담이 동물들에 이름을 지어 불렀다는 점에 주목한다. 그는 성서에서 이름은 단순히 어떤 것을 다른 것과 구별해주는 수단이 아님을 지적한다.

이름은 어떤 존재의 핵심, 다시 말해 하느님께서 주신 선물로서 그 존재의 본질을 드러낸다.[8]

각 동물에게 이름을 지어 불러줌으로써, 아담은 하느님을 찬미하고 그 동물을 축복한다. 그러므로 하느님을 찬미하는 것은 '종교적'religious인 행위, 혹은 '제의적'cultic 행위가 아니라 삶의 방식 그 자체다.[9]

하느님께서는 세상을 축복하셨고 인간을 축복하셨으며 일곱 번째 날(즉 시간)을 축복하셨다. 이는 그분께서 존재하는 모든 것을 당신의 사랑과 선으로 가득 채우셨음을, 그 모든

---

7 Alexander Schmemann, *For the Life of the World* (Crestwood, NY: St Vladimir's Seminary Press, 2nd rev. and expanded edn, 1973), 14~15.

8 Alexander Schmemann, *For the Life of the World*, 15.

9 Alexander Schmemann, *For the Life of the World*, 15.

것을 당신 보기에 좋게 창조하셨음을 뜻한다. 따라서 하느님께 축복받고 성스럽게 된 세계를 받은 인간이 할 수 있는 유일한 자연적인('초자연적인'이 아니다) 반응은 그분을 찬미하는 것, 그분께 감사드리고 그분을 찬미함으로써 그분이 보시듯 세계를 '보고', 세계를 알고, 세계에 이름을 붙이며, 세계를 소유하는 것이다.[10]

그러므로 인류는 세상의 중심에 서서 하느님에게 세상을 받고 감사를 담아 다시 세상을 하느님께 바친다. 이것이 바로 성찬례다.

세상은 물질, 즉 만물을 포괄하는 하나의 성찬을 위한 재료로 창조되었다. 그리고 인간은 이 우주적 성사cosmic sacrament의 사제로 창조되었다.[11]

그러나 이 모든 것은 인간의 타락으로 망가졌다. 인간에게 먹을 것으로 주어지지 않은 과일을 하느님 몰래 먹은 사건, 그리하여 받지 않고 감사드릴 수 없는 것을 먹은 사건은

---

10 Alexander Schmemann, *For the Life of the World*, 15.

11 Alexander Schmemann, *For the Life of the World*, 15.

이를 상징한다. 그렇게 함으로써 인류는 하느님께 받은 사랑을 다시 올리는 데 실패했으며 세계와 피조물을 하느님이 창조한, 그분 보기에 좋은 것이 아닌 그분과 동떨어져 있는 별개의 것으로 간주하게 되었다. 그렇게 인류는 세계를 축복할 수 있는 힘, 세계를 하느님의 선물로 받아들일 수 있는 힘을 상실했다. 이제 세계는 하느님의 사랑을 투명하게 반영하지 못하는 흐릿한 곳이 되었다. 달리 말해 세계는 하느님으로부터 분리되어 세계 이상의 무언가를 가리키지 못하게, 세속적인 곳이 되었다. 타락한 인간은 하느님과 다시 연결되려 하는데 이러한 시도, 그리고 그 시도의 산물이 바로 '종교'religion다. 그렇기에 종교는 성the sacred과 속the profane이라는 분열을 받아들이고 이들을 다시 조화롭게 만들려 하나 성공을 거두지 못한다. 그러한 분열을 극복하고 다시 연결하는 것은 인간의 능력을 넘어선 일이기 때문이다. 종교와 세속주의 secularism는 세계의 타락을 받아들인다는 점에서 같다. 이러한 인간이 처한 곤경에 대한 유일한 해결책은 종교가 아니라 하느님이다. 인류는 하느님이 타락한 인류를 저버리지 않으셨으며 빛으로 인류의 어둠에 들어오셨음을 받아들여야 한다. 그리고 이 하느님의 활동은 또 다른 중요한 측면이 있다.

하느님의 이 행동은 단순히 잃어버린 인간을 되찾기 위한 구조활동이 아니다. 이는 그분이 태초부터 착수하신 일을 완성하기 위한 일이었다. 그분은 인간이 당신이 정말 어떤 분이시며, 자신에게 있는 갈망의 참된 대상이 무엇인지를 이해할 수 있게 해주시기 위해 이렇게 활동하셨다.[12]

하느님이 보내신 빛이란 다름 아닌 그분의 아들이었다. 세계의 어둠 속에서도 언제나 꺼지지 않고 빛나던 바로 그 빛이 마침내 그 온전한 모습을 드러낸 것이다.[13]

이러한 슈메만의 논의는 어느 정도 1960년대 신학 흐름을 반영한다. 그중 하나는 앞서 언급했던 제2차 바티칸 공의회로 이는 공의회에 참가한 신학자들의 예상을 훨씬 넘어서는 변화를 끌어냈다. 또한 종교와 관련해 훨씬 이전부터 칼 바르트Karl Barth는 종교를 거부한 바 있고 디트리히 본회퍼 Dietrich Bonhoeffer가 감옥에 서 쓴 서신들이 영어로 출판되면서 '종교 없는 그리스도교'religionless Christianity라는 말이 대중에게 까지 널리 퍼져 있었는데 이러한 논의를 바탕으로 몇몇 신학

---

12 Alexander Schmemann, *For the Life of the World*, 19.

13 Alexander Schmemann, *For the Life of the World*, 19.

자들은 세속주의를 포용하고 (본회퍼의 말을 빌려) '성인이 된 그리스도교'Christianity come of age에 대해 이야기했다. 슈메만은 자신의 신학을 전개하면서 이러한 흐름들을 어느 정도 염두에 두고 있었다. 그는 제2차 바티칸 공의회로 대표되는 '전례 개혁'에 담긴 신학에 영향을 받았지만 그 실천의 방향까지 그대로 따르지는 않았다. 그리고 바르트나 본회퍼의 논의에는 공감했으되 이를 과격하게 밀어붙인 진보신학자들의 논의에는 반대했다. 슈메만은 동시대 '종교의 죽음'(혹은 '신의 죽음')을 이야기해 세속성을 지나치게 긍정하는 진보주의 신학자들과 종교에, 그리하여 전례의 형식성에 매달린 보수주의 신학자들을 넘어서고자 했다. 그에게 종교에 집중하는 것은 세계 전체를 포기하고 세계 안에 어떤 신성한 보호구역을 만들려는 시도처럼 보였다. 그리고 세속을 강조하는 것은 종교에 집중하는 것과 사실상 같은 생각이다. 세속주의자들은 종교인들이 이 세계 안에서 신성한 보호구역을 만들려는 것처럼 이 세계 '안에서' 개선을 도모한다. 둘 다 어떠한 면에서 성공적으로 이루어졌고 타락한 세계에서 살아가는 인간에게 어느 정도 도움을 줄 수 있으나 온전함을 회복하게 해주지는 못한다고 슈메만은 판단했다. 그리고 이를 의식하며 전례는 '종교', 즉 멀리 떨어져 있는 신과 접촉하려는 시도가 아니라고 그는 강조했다. 오히려 전례는 그리스도를 통해 이 땅에 임한 하느님 나라를 찬미하는 활동이다. 마찬가지로 '성사적 신학'sacramental theology는 근본적으로 성사적 의례들의 세부 사항이나 본문들에 관한 연구가 아니라 세계가 그 자체로 성사라는 확신, 세계가 하느님의 현존을 드러내는 곳이라는 확신, 그리스도야말로 가장 근본적인 성사라는 확신을 회복하는 활동이라고 그는 생각했다. 이 같은 맥락에서 교회의 칠성사는 각기 다른 측면에서 그리스도를 통해 이 세상에 드러난 하느님의 생명, 하느님 나라가 품고 있는 생명을 드러낸다고 그는 이야기했다. 물론 성사에 대한 이러한 접근을 당시 슈메만 홀로 한 것은 아니다. 도미니코회 신학자인 에드바르트 스힐레벡스Edward Schillebeeckx*가 쓴 (영문판 기준으

---

* 에드바르트 스힐레벡스(1914~2009)는 벨기에 출신 로마 가톨릭 사제이자 도미니코회 수도사, 신학자다. 벨기에 플랑드르 지역 앤벨스에서 태어나 1934년 도미니코회에 입회하고 루뱅 대학교에서 철학과 신학을 공부하고 박사 학위를 받았다. 이후 루뱅 대학교를 거쳐 네덜란드 니메그 대학교에서 1983년까지 교의학과 신학사를 가르쳤다. 1965년에는 칼 라너, 이브 콩가르, 한스 큉과 함께 『콘칠리움』이라는 신학잡지를 만들고 다양한 저술 활동을 펼치며 대표적인 진보 가톨릭 신학의 대변인으로 떠올랐다. 그의 신학은 크게 전반기와 후반기로 나뉘는데 전반기에는 전통적인 토미즘 안에서 신학 연구를 진행했으나 후반기에는 리쾨르와 가다머의 영향을 받아 인간의 경험을 출발점으로 삼아 이 경험을 밝히기 위한 도구로 교의학의 개념을 살피는 방식으로 신학 연구 방법을 바꾸었다. 전반기를 대표하는 저작으로는 『그리

로)『그리스도, 하느님과의 만남의 성사』Christ the Sacrament of the Encounter with God에서도 우리는 이와 비슷한 생각을 엿볼 수 있다.[14]

어떤 측면에서 슈메만이 이야기한 전례 신학의 핵심은 일종의 종말론eschatology이라고 할 수 있다. 물론 여기서 종말론은 통념적으로 생각하는 죽음 너머에 있는 무언가에 관심하는 이론이 아니다. 여기서 종말론은 궁극적인 것the ultimate, 삶의 최종 목적, 하느님과의 친교가 이 세계, 이 삶에 드러남에 주목하는 것을 뜻한다. 때때로 '실현된 종말론'realized eschatology이라고 불리기도 하는 이러한 관점은 C. H. 도드C. H. Dodd와 요아킴 예레미아스Joachim Jeremias에 의해 제기된 이후, 성서학을 넘어 조직신학에까지 영향을 미쳤는데 슈메만의 생각에도 일정 부분 영향을 준 것으로 보인다. 이와 관련해 그가 남긴 일기에는 흥미로운 내용이 있다.

스도, 하느님과의 만남의 성사』가 꼽히며 후반기 대표작으로는 이른바 '그리스도론 3부작'(『예수』Jesus: an experiment in Christology, 『그리스도』Christ: the Christian experience in the modern world, 『교회』Church: The human story of God)이 있다.

14 Edward Schillebeeckx, *Christ the Sacrament of the Encounter with God* (London: Sheed & Ward, 1963)

종말론은 그리스도교의 핵이다. 역사의 종점, 역사의 목적인 하느님 나라는 이미 우리 가운데, 우리 안에 있다. 그리스도교는 독특한 역사적 사건임과 동시에 역사 그 자체를 완성하는 사건, 모든 사건을 완성하는 사건이 이 세상에 임한 것이다. 오직 이를 위해서만 교회는 존재하며 이 바탕 위에서만 교회는 존재 의미를 가질 수 있다.

이 모든 것이 그리스도교의 가르침에 속한 진리임에는 분명해 보인다. 그러나 왜 오늘날 교회에서는 이러한 가르침이 효과를 내지 못하는 것처럼 보이는 것일까? 그것은 아마도 현실 그리스도교가 그리스도가 아니라 이 세상의 관점을 따르기 때문일 것이다. 이 세상의 관점에서 일종의 느낌(경건)이거나 일종의 이해(신학)이거나 둘 중 하나일 뿐이다.

내 생각에는 여기에 전례 신학의 존재 의미가 있다. 전례란 참여이며 드러내는 것이자 그리스도교의 역사성을 현실화(기억)하는 것이며 동시에 그러한 역사성을 넘어서는 것이다. 시작과 함께하는 결말에 참여하는 것, 그러면서도 '지금, 여기'에 참여하는 것 …

그러므로 교회와 세계를 연결하는 것은 처음에는 세계를 위한 교회를, 끝에는 교회를 위한 세계를 증언하는 것이다. 교회는 이 세계에 임한 하느님 나라이기 때문이다.

여기에 그리스도교의 영원한 역설, 그리고 그리스도교에 관한 모든 현대적 논의의 핵심이 있다. 그리고 신학의 과제는 바로 저 역설(우리는 언제나 세계를 떠나야 하며 언제나 세계에 남아 있어야 한다는 역설)을 신실하게 붙드는 데 있다(이 역설은 부활 축제로서 교회를 체험할 때 비로소 해결된다). 이러한 맥락에서 경건한 사람이 빠질 수 있는 가장 커다란 유혹은 그리스도교를 순전한 경건으로 환원하는 것이다. 그리고 신학을 하는 이가 빠질 수 있는 유혹은 그리스도교를 순전한 이론, 혹은 순전히 역사적인 것으로 환원하는 것이다.[15]

IV

슈메만이 제시한 전례에 관한 논의는 매력적이면서도 강력한 힘을 지니고 있다. 경건주의나 세속주의의 위험성에 대한 그의 지적은 날카롭다. 그리고 인간을 더 행복하게 하고 더 만족하게 해주는 일종의 영적, 심리적 치료제로 자신을 제시함으로써 사실상 세속주의에 굴복하는 교회의 모습에 대한 그의 통렬한 비판은 1960년대와 마찬가지로 오늘날에도 설득력을 갖고 있다.

---

15 Alexander Schmemann, *The Journals of Father Alexander Schmemmann*, 234.

많은 측면에서 슈메만의 전례 신학은 모국어의 도입, 의례의 단순화와 음악의 사용, 전례적 활동의 구조를 따르는 찬미의 방식, 평신도 참여의 확대 등, 지난 반세기 동안 그리스도교 전례에 다양한 변화를 끌어냈다. 제2차 바티칸 공의회의 전례 개혁에 뒤이어 슈메만의 논의는 로마 가톨릭 교회와 성공회, 더 나아가 개신교 교회의 예배 이해에도 영향을 미쳤다.

또 하나 간과해서는 안 되는 점은 소련 시대에 유럽자유방송을 통해 그가 전한 설교들과 그리스도교에 관한 가르침이다. 앤서니 블룸Anthony Bloom*과 더불어 그는 끊임없이 소

---

* 앤서니 블룸(1914~2003)은 스위스 출신 정교회 사제이자 수도사, 신학자다. 스위스 로잔에서 태어나 러시아와 이란에서 유년 시절을 보냈으며 1923년 파리로 이주해 파리 대학교에서 물리학, 화학, 생물학을 공부하고 같은 대학교에서 의학 박사 학위를 받았다. 제2차 세계대전 중에는 프랑스 군의관으로 봉사했으며, 프랑스가 독일에 항복한 이후에는 저항 운동에 가담했다. 1948년 사제 서품을 받은 뒤 러시아 정교회와 성공회 교회가 교회일치운동 차원에서 함께 만든 기관인 성 올반과 성 세르기오스 협회에서 채플린으로 활동하고 1957년에는 주교가, 1966년에는 총대주교가 되었다. 기도 및 그리스도인의 신앙생활에 관련된 저작으로 영미권에서 커다란 명성을 얻었으며 이에 관한 공헌을 인정받아 케임브리지 대학교, 애버딘 대학교, 모스크바 신학교, 키예프 신학교 등에서 명예박사학위를 받았다. 주요 저작으로 『살아있는 기도』Living Prayer, 『하느님과 인간』God and man 등이 있으며 한국에는 『살아있는 기도』(가톨릭 출판사), 『기도의 체험』(가톨릭 출판사)가 소개된 바 있다.

련 치하에 있는 러시아인들에게 그리스도교 신앙(러시아 정교회 신앙)을 설득력 있게 전했는데, 훗날 수많은 사람이 이러한 규칙적인 설교와 가르침이 자신들에게 얼마나 큰 의미를 가졌는지를 증언했다.

플로롭스키, 메이엔도르프와 함께 그는 당대 미국에서 정교회 신앙을 대변하는 중요한 학자로 커다란 영향력을 행사했으며 이는 그가 반생을 바친 성 블라디미르 신학교의 활동을 통해 오늘날까지 이어지고 있다.

| 알렉산더 슈메만 저서 목록 |

· **The Historical Road of Eastern Orthodoxy** (London: Harviil Press, 1963)

· **For the Life of the World: Sacraments and Orthodoxy** (Crestwood, NY: St Vladimir's Seminary Press, 1963; 2nd rev. and expanded edn, 1973), UK edn: The World as Sacrament (London: Darton, Longman & Todd, 1966) 『세상에 생명을 주는 예배』 (복 있는 사람)

· **Ultimate Questions: An Anthology of Modern Russian Religious Thought** (Crestwood, NY: St Vladimir's Seminary Press, 1965)

· **Introduction to Liturgical Theology** (London: Faith Press, 1966)

· **Great Lent: The Journey to Pascha** (Crestwood, NY: St Vladimir's Seminary Press, 1969) 『대 사순절』 (정교회 출판사)

· **Of Water and the Spirit** (Crestwood, NY: St Vladimir's Seminary Press, 1974)

· **Church, World, Mission: Reflections on Orthodoxy in the West** (Crestwood, NY: St Vladimir's Seminary Press, 1979)

· **The Eucharist: Sacrament of the Kingdom** (Crestwood, NY: St Vladimir's Seminary Press, 1988) 『성찬』 (터치북스)

· **Celebration of Faith, vol. I: 1 Believe; vol. II: The Church Year; vol. Ill: The Virgin Mary** (Crestwood, NY: St Vladimir's Seminary Press, 1990—5)

· **Liturgy and Tradition, ed. Thomas Fitch** (Crestwood, NY: St Vladimir's Seminary Press, 1990)

· **Liturgy and life: Lectures and essays on Christian development through** liturgical experience (Orthodox Church in America, 1993)

· **The Journals of Father Alexander Schmemann, 1973-1983** (Crest wood, NY: St Vladimir's Seminary Press, 2000)

· **Our Father** (Crestwood, NY: St Vladimir's Seminary Press, 2002) 『우리 아버지』 (비아)

· **O Death, Where Is Thy Sting?** (Crestwood, NY: St Vladimir's Seminary Press, 2003) 『죽음아, 너의 독침이 어디 있느냐?』 (비아)

· **The Liturgy of Death** (Crestwood, NY: St Vladimir's Seminary Press, 2017)

· **A Voice For Our Time: Radio Liberty Talks, Volume 1** (Crestwood, NY: St Vladimir's Seminary Press, 2021)

· **A Voice For Our Time: Radio Liberty Talks, Volume 2** (Crestwood, NY: St Vladimir's Seminary Press, 2022)

죽음아, 너의 독침이 어디에 있느냐?

– 죽음과 부활에 관하여

초판 1쇄 ｜ 2022년 8월 30일

지은이 ｜ 알렉산더 슈메만
옮긴이 ｜ 황윤하

발행처 ｜ 비아
발행인 ｜ 이길호
편집인 ｜ 이현은
편 집 ｜ 민경찬 · 정다운
검 토 ｜ 손승우
제 작 ｜ 김진식 · 김진현 · 이난영
재 무 ｜ 이남구 · 김규리
마케팅 ｜ 유병준 · 김미성
디자인 ｜ 손승우

출판등록 ｜ 2020년 7월 14일 제2020-000187호
주 소 ｜ 서울시 강남구 봉은사로 442 75th Avenue 빌딩 7층
주문전화 ｜ 010-2088-5161
이메일 ｜ innuender@gmail.com

ISBN ｜ 979-11-91239-87-4 (03230)